Martin Semmelrogge
Co-Autor Andreas Reinhardt

Der wilde Ritt geht weiter
- wer bremst, verliert

Impressum

© Zodiac Verlag © Martin Semmelrogge
Co-Autor Andreas Reinhardt

2024
Deutsche Ausgabe

Bibliografische Information der Deutschen Nationalbibliothek:

Die Deutsche Nationalbibliothek verzeichnet diese Publikation in der Deutschen Nationalbibliografie; detaillierte bibliografische Daten sind im Internet über http://dnb.d-nb.de abrufbar.

Created by Zodiac Verlag

ISBN: 978-3-911085-14-4

Zodiac Verlag
Broicher Straße 130
52146 Würselen
www.zodiac-verlag.com

Martin Semmelrogge

Co-Autor Andreas Reinhardt

Der wilde Ritt geht weiter

- wer bremst, verliert

Diese Biografie wurde erlebt und erzählt von
Martin Semmelrogge
und literarisch in Szene gesetzt von
Andreas Reinhardt.

Inhaltsverzeichnis:

Ein Vorwort

Wenn man das Angebot erhält, mit einem Martin Semmelrogge an dessen Biografie zu arbeiten, könnte sich einem schnell die Frage aufdrängen, ob das nun mehr Fluch oder Segen bedeutet – zumindest, wenn einem das effekthaschende Hörensagen aus der Journaille etwas bedeutet.

Wie vielschichtig der gestandene deutsche Mime und Synchronsprecher tatsächlich ist, lässt seine erste umfassende Biografie „Ein wilder Ritt durch 50 Jahre Paragraphistan" erahnen.

Aber auch jenes informative Werk kann einen bei der Frage, ob nun mehr Fluch oder Segen, durchaus verunsichern. Ich hingegen verlasse mich lieber auf das persönliche Kennenlernen, will sagen, auf eigene Erfahrungen.

Ein Semmelrogge mag nicht makellos, geschweige denn ein Engel sein, doch er hat es auch nie vorgegeben. Und bis heute nimmt er kein Blatt vor den Mund – selten gewordene Tugenden in diesen Zeiten.

Sein öffentliches Auftreten ist das eines Showman mit Ecken und Kanten, trotzdem oder wohl besser deswegen immer authentisch.

Ja, ich freute mich auf die Zusammenarbeit mit diesem Mann, der schon ab den 1970er Jahren deutschen Fernsehformaten Tiefe verliehen und im Kinoklassiker „Das Boot" so beeindruckend agiert hatte.

Martin Semmelrogge und ich lernten uns in drei Phasen kennen. Da waren die Telefonate zum Warmwerden, von denen mir zwei denkwürdige Aussagen im Gedächtnis geblieben sind. So legte er mir die bereits erwähnte Biografie mit dem eigentümlichen Hinweis ans Herz, diese hätte ja nur kurze Kapitel und man könne sie gut nebenbei auf der Toilette lesen. Dann wiederum kam er auf „angebliche Funklöcher" zu sprechen und wie gut man damit aus der Not eine Tugend machen könne, wenn man gerade nichts zu sagen hätte, nichts sagen wolle oder noch mehr Zeit zum Nachdenken herausschinden müsse. Außerdem sei es die Chance, als arme Sau bemitleidet zu werden, denn wer kenne das Problem Funkloch nicht. – Was soll ich sagen, Neugier und Vorfreude wuchsen.

Als Nächstes trafen wir uns in der Lobby des Hilton Berlin. Die Begrüßung war herzlich, und ich hatte den Eindruck, einen der Biker aus „Easy Rider" vor mir zu haben. Beim besten Willen, nach Fünf-Sterne-Hotel sah mein Gesprächspartner mit den runtergerockten Jeans, Lederweste, Cowboystiefeln und der speckigen Schirmmütze nicht aus. Aber dann wurde ich Zeuge eines

Semmelrogge-Mysteriums: Er machte das Haus zu seinem, flanierte seelenruhig auf und ab, sprach das Personal mit gewinnendem Lächeln an, ließ den gesamten Termin über sogar sein Auto direkt vor dem Haupteingang stehen – in einer Kurzhaltezone, zumal gut behütet unter den wachsamen Augen des Hotelportiers. Um sich in einem Hotel richtig wohlfühlen zu können, müsse er das Gefühl haben dort abgestiegen zu sein, selbst wenn dem nicht so sei, erfuhr ich dazu aus seinem Mund.

Ein Mercedes 500 SEL mit „Alterspatina" – quasi mit wohlverdienten oberflächlichen Falten, dazu bis oben hin mit allerlei Dingen des Alltags angefüllt – zwei liebenswerte Hunde namens Buddy & Teddy sowie ein Gastgeber mit dem Herzen auf der Zunge und weiterhin ohne Allüren, so wurde ich noch rechtzeitig vor dem Corona-Shutdown am Flughafen von Palma de Mallorca in Empfang genommen.

Und schon ging das Abenteuer los: Zuerst ein gemeinsamer Spaziergang am Vorzeigestrand von Palma, dabei mit den Hunden spielend und begleitet von geschäftigen Telefonaten mit Martins großer Liebe Regine, während ein Gesprächsthema zwischen Anekdoten und aktuellen Begebenheiten das nächste jagte. Beiläufig erfuhr ich, er müsse sich unbedingt noch das neue Drama „Bombshell – das Ende des Schweigens" mit Charlize Theron rund um die MeToo-Debatte anschauen.

Also gingen wir noch am Abend meiner Ankunft ins Kino. Beide waren wir begeistert, mussten in denselben Szenen lachen oder mitfühlend hin und her rutschen. Na, wenn das kein gutes Omen war. Wirklich aufschlussreich: Von einem sexistischen Macho Semmelrogge war weit und breit keine Spur. An das Kino grenzte auch gleich der alte Schlachthof, längst ein Gourmet-Tempel, und so ließen wir den ersten Abend in urigem Ambiente und bei kulinarischen Leckereien ausklingen.

Schon auf dem Weg zur eigens für mich arrangierten Finca, hielten wir noch vor einem Supermarkt für Tiere. Klar doch, bestimmt knurrte auch Buddy & Teddy der Magen. Jedem der beiden wurde noch auf dem Parkplatz eine Dose Hundefutter sowie Wasser kredenzt.

Die Tage auf Mallorca lehrten mich, dass Martin Semmelrogge ein Vollblutschauspieler ist, der seine Profession mit großer Hingabe ausübt.

Mehrfach trug er mir unterhaltsame Monologe aus Theaterstücken vor, ja, tauchte ganz in die jeweilige Rolle ein. Ich fühlte mich privilegiert, dem beizuwohnen.

Nichtsdestoweniger ist derselbe Mensch Inbegriff des geordneten Chaos oder auch der chaotischen Ordnung, wie herum auch immer man es drehen will. Er scheint keiner Norm zu entsprechen. Man muss sich auf ihn einlassen, ihn regelrecht lesen. Nur so und mit der nötigen

Geduld kommt man ans Ziel. Vor allem aber hatte ich selbst eine Vorstellung vom anzugehenden Buchprojekt, und das war zweifelsohne mitentscheidend.

Jedenfalls haben wir unseren gemeinsamen Weg gefunden.

Natürlich darf ich seine Verlobte und gestaltende Mitstreiterin Regine nicht vergessen. Eine durch und durch sympathische Person, die sich seiner Marotten mit einem wissenden Augenzwinkern annimmt. Der liebe Gott scheint sie eigens für ihn geschnitzt zu haben. Es war mir ein Genuss, die beiden zusammen zu erleben. Mehr eigenwillige Menschlichkeit, Humor und Freigeist geht kaum.

Für mich persönlich ist Martin Semmelrogge einer der wenigen echten Schauspiel-Ikonen, die Deutschland überhaupt noch zu bieten hat. Aussehen, Gestik, Mimik, Unberechenbarkeit, Wandlungsfähigkeit sowie eine hemmungslose Schauspiellust gepaart mit großem Talent – für mich hat er etwas von einem deutschen Al Pacino.
Lieber Martin, dich persönlich erlebt zu haben, dich kennen und schätzen gelernt zu haben, will ich nicht missen. Mal sehen, was noch so geht …

Andreas Reinhardt, Co-Autor

Klappe, die Zweite –
weil das Leben sich weiterdreht

Ich höre den einen oder die andere schon fragen: Was reitet den Semmelrogge bloß wieder, dass der seiner Biografie mit fünfzig Jahren Lebensgeschichte eine Fortsetzung über nochmal dreizehn Jahre folgen lassen muss? Dazu wäre als Erstes klarzustellen: Müssen, muss ich gar nichts. Weder muss ich anderen etwas beweisen, noch mir selbst. Mit einem weiteren Buch werde ich auch nicht verhindern, was Menschen anderen Menschen, Tieren oder Mutter Natur antun. Genauso wenig, dass Schreiberlinge von der Regenbogenpresse über Prominente wie mich schreiben dürfen, was immer sie schreiben wollen – ob es nun die ganze, die halbe oder gar keine Wahrheit ist. Aber auch mit der Biografie davor hätte ich das nicht erreichen können. Diese Macht haben Biografien nun einmal nicht – schade eigentlich.

Freunde und solche, die sich dafür halten oder nur so tun als ob, behaupten ja gerne, ich sei selbstverliebt, Egomane, Egozentriker. Gut möglich, dass die mir unterstellen, das wäre der Grund für dieses Buch. Ich mag zwar nicht darüber nachdenken, welche Schwächen oder

Vorzüge ich habe, aber eigentlich halte ich mich im Großen und Ganzen für wenig eitel. Als Schauspieler erarbeite ich mir jede Rolle hart, nehme sie mir immer wieder vor, um eine überzeugende Darbietung abzuliefern. Meine Figuren sollen rund sein. Selbst, wenn es darum geht ein wandelndes Klischee darzustellen, will ich es auf intelligent humorvolle Weise auf den Punkt bringen. Ist ein Schauspieler eitel, wenn er Perfektion anstrebt, um zu den Besten seiner Zunft zu gehören? Oder ist er selbstverliebt, wenn er einen hart erkämpften Erfolg in vollen Zügen auskostet? Ich denke, sich und seine Arbeit zu lieben, ohne dabei in Arroganz zu verfallen, das zeichnet einen guten und gereiften Schauspieler aus. Denn bist du mit dir als Künstler nicht im Reinen, wenn du nicht fest an dich glaubst, dann kannst du nicht kreativ sein, nicht sozial sein oder Empathie für andere empfinden. Und letztlich wirst du deine Rollen und Figuren nicht so mit Leben erfüllen können, wie es möglich und nötig wäre.

Im Grunde geht es mir darum, Regisseur meines eigenen Lebens zu sein. Einerseits bin ich extrem selbstbestimmt, nehme mir das Recht heraus, mir keine Vorschriften machen zu lassen. Natürlich, es gibt gewisse allgemeinverbindliche Regeln, denen auch ich mich zu unterwerfen habe. Ein Stoppschild im Straßenverkehr ist zu respektieren, da kann es keine zwei Meinungen geben, nicht einmal für einen Semmelrogge. Wenn es um gesellschaftliche Konformität geht, sieht das ganz anders aus. Meine Meinung nicht zu sagen und mich nicht kritisch zu äußern, aus Angst vor Repressalien wie ausbleibende Jobs oder mediale Ausgrenzung? Undenkbar, meine Authentizität wäre futsch, ich wäre nur noch ein Schatten meiner selbst. Daran würde ich zugrunde gehen. Wahrscheinlich würde ich anfangen zu saufen, um den Verrat an mir selbst herunterzuspülen oder irgendeinen anderen Blödsinn machen. Abgesehen davon, bei meinen Fans und allen, die mir wohlgesonnen sind, wäre ich unten durch. Von denen werde ich ja gerade dafür geliebt, dass ich mir treu bleibe. Andererseits, wenn man so in der Öffentlichkeit steht wie ich mit meinem Namen, diesem rebellischen Geist und einer Vergangenheit inklusive Entgleisungen, wie ich sie nun einmal vorweise, sind auch Kritiker und Journalisten nicht weit. Wie ein Rudel Wölfe die frische Blutspur wittern besonders die unredlichen Schmierfinken unter ihresgleichen schnell eine Sensation. Wo die Fakten rund um neue Theaterstücke und Filme, privates Glück oder Schicksalsschläge nicht genügen, wird eine Wahrheit pietätlos herbeigeschrieben, um mit mir Geld zu verdienen.

Irgendwann dachte ich mir, das Dokumentieren und Kommentieren meines Lebens doch besser in die eigenen

Hände zu nehmen, anstatt es nur anderen zu überlassen –
schon vor meinem ersten Buch. Wenigstens kann ich
damit denen eine Alternative anbieten, die etwas
Wahrhaftiges über mich erfahren wollen. Wie gesagt, ich
halte mich für eher uneitel und lege keinen Wert darauf,
meine Unvollkommenheit zu verstecken. Warum auch,
begangene Fehler und erhaltene Strafen bieten oft genug
auch Chancen. Eine Tür geht zu, eine andere öffnet sich,
und man trifft vielleicht einen Menschen, der einem ganz
neue Perspektiven aufzeigt. Mittlerweile habe ich gelernt,
auch die negativen Episoden meiner Vergangenheit
positiv zu sehen. Mehr denn je betrachte ich mein Leben
entspannt. Ich bin nicht mehr derselbe, habe mich weiterentwickelt. Deshalb Leute, wenn schon über mich
gesprochen wird, dann will ich wenigstens selbst etwas
Bleibendes zur Akte Semmelrogge beitragen, will die
Zügel in Händen behalten.

Wann immer ich Lesungen absolvierte – und das waren in
der Vergangenheit nicht eben wenige – freute sich mein
Publikum darauf, aus erster Hand etwas über Martin
Semmelrogge zu erfahren. Wer bin ich, was widerfährt
mir auch abseits der Filmkameras und der Bühne? Wie
stehe ich zu den Absurditäten der heutigen Zeit, oder wie
erlebe ich politische und gesellschaftliche Ereignisse? Es ist
eine besondere Nähe und Intimität, die sich während

solcher Veranstaltungen einstellt, denn ich gebe eigene Gedanken und Erinnerungen preis, ganz unverfälscht.

Wie hat es Al Pacino in dem Gangster-Klassiker „Scarface" ausgedrückt: ‚Ich sage immer die Wahrheit, selbst wenn ich lüge.'

Ein Satz wie für mich geschrieben, denn in der Tat, ich kann nicht aus meiner Haut und will es auch nicht. Von mir kriegst du, was du siehst. Lass dich auf mich ein oder geh einfach weiter. Lesungen machen mir Spaß, sie bereiten mir Vergnügen. Die Nachfrage danach ist für mich immer wieder der Beleg dafür, dass ich den Menschen nahe bin und sie mir. Sie schätzen mich und nehmen meine Sichtweise wohlwollend an, nämlich, dass es das Positive ohne das Negative und umgekehrt nicht gibt, dass ich deshalb versuche, alles mit Humor zu nehmen – nicht selten Galgenhumor, angesichts der unsäglichen Gewalt und Ungerechtigkeit um uns herum und weltweit. Als Zyniker müsste man wohl davon ausgehen, dass es zu viele Menschen auf der Erde gibt und ein Reinigungsprozess vor sich geht. Ich persönlich bin lieber humorvoll als zynisch, selbst wenn mein Humor mitunter ironisch bis bitter ausfällt. Wegschauen kann ich eben genauso wenig, wie alle Last der Welt auf meine Schultern laden. Natürlich schert es mich, und verschiedene Dinge regen mich auf, aber mit Herzrhythmusstörungen wäre auch keinem gedient. Die Komödie ist ein Kind des Dramas, um die Bitterkeit des Lebens leichter verdaulich zu machen. Kurz gesagt, gerade in schweren Zeiten wollen die Menschen bei aller Nachdenklichkeit schmunzeln und lachen.

Der positiven Resonanz nach zu urteilen, ist mir das bisher gelungen, und immer wieder hat mich der Vorschlag erreicht, doch auch in Schulen zu lesen – als lehrreiches Beispiel dafür, wie man mit seinen Schwächen und Süchten erfolgreich umgeht, dem selbst geschaufelten Grab entkommen kann, nach jedem Hinfallen wieder aufsteht.

Ich scheine der geborene Antiheld zu sein, der mit einem Lächeln verliert oder als Verlierer dennoch gewinnt, in jedem Fall aber die Herzen der Zuschauer erobert. Die meisten meiner Rollen waren so angelegt oder wurden von mir so interpretiert. Sicherlich hat mir auch das über die Jahre viele Sympathien eingebracht.

Doch zurück zu der eigentlichen Ausgangsfrage, weshalb der Biografie zweiter Teil. Wie viele andere hätte ich natürlich sagen können, gut, jetzt ist das auch abgehakt, frei nach dem Motto: Kind produzieren, Erfolgsleiter erklimmen, einmal im Knast sitzen und einen Baum pflanzen. Aber wie schon geschrieben, mehr denn je betrachte ich alles entspannt – mehr denn je. In den dreizehn Jahren nach 2006 hat sich wieder vieles ereignet, von dem zu erzählen sich lohnt, und ja wirklich, sogar ein Semmelrogge hat sich während dieser Zeit weiterentwickelt, weg von den überholten Klischees. Nur, genau die sind wie frische Hundescheiße am Hacken – man wird sie schwer los: Ein Asi, der sein Hirn versoffen und kaputtgekokst hat, außerdem im Knast war. Mit dem kann man doch nicht zusammenarbeiten, der ist schwierig. Ist der überhaupt zuverlässig?

Abgeschmackte Vermutungen und Befürchtungen wie diese machen nach wie vor die Runde, weil irgendwann mal jemand gehört hat, wie der eine dem anderen was erzählt hat, das der wiederum irgendwo aufgeschnappt hat. Zugegeben, ich bin daran nicht schuldlos, habe mich oft genug wie ein Vollidiot aufgeführt. Aber soll mich das noch bis ins Grab verfolgen, nur weil Entscheider in diversen Redaktionen oder der Filmindustrie nicht willens sind, einen gereiften Martin Semmelrogge anzuerkennen, nicht einmal, einen Gedanken daran zu verschwenden?

Theater und Film sind zwei völlig verschiedene Welten. Bei seiner Besetzung registriert ein Filmregisseur oder Produzent schon auch wohlwollend, wenn in der Künstlervita Hochkaräter wie das Schillertheater, Berliner Ensemble oder Wiener Burgtheater auftauchen. Aber das war es dann auch schon. Eine Abstinenz von der Filmkamera zugunsten von Bühnenauftritten wird nicht unbedingt wohlwollend gewertet. Da heißt es schnell, der hat seit drei, vier oder fünf Jahren nicht mehr gedreht, der ist nichts für uns. Auftritte in Kino, Fernsehfilmen und -serien sind gefragt, damit hat man deutlich bessere Chancen. Insofern stehe ich einem doppelten Dilemma gegenüber: Längst überholte Vorurteile und eine reichhaltige Theaterkarriere bei vergleichsweise wenigen Auftritten vor der Kamera in den letzten Jahren. – Es ist ein ständiger Kampf, der mit zunehmendem Alter nicht leichter wird. Allein schon deshalb ist mein Lebenswandel ein anderer geworden. Jederzeit bereit zu sein, auf den Punkt fit zu sein, das hält mich auf Kurs. Sport, gesundes Essen, ausgiebig schlafen und mit der richtigen Einstellung in jeden neuen Tag starten – ich könnte Bäume ausreißen. Jeder Tag ist ein Geschenk, ist wie ein ganzes Leben, es könnte mein letzter sein. So gesehen habe ich mit diesem Buch schon mal meinen Nachlass gesichert. Mehr noch als mit dem vorangegangenen vielleicht einfach, weil ich dem Ende meines irdischen Lebens näher bin. Soll noch mal jemand behaupten, ich könne nicht vorausschauend denken.

Aber das klingt ja schon fast wie ein Nachruf! Nee, das bleibt jetzt nicht so stehen, dafür habe ich noch zu viel vor. Wer weiß, vielleicht wird es in dreizehn Jahren eine dritte Biografie geben oder wohl besser einen dritten Teil. Dann hätten wir eine Trilogie. Will ich das noch erleben? Wieso nicht, wenn ich noch aus eigener Kraft die Lesebühne entern kann. Für Überraschungen war ich ja immer gut. Außerdem hat es auch was von einer fortlaufenden Geschichtsschreibung. Ja, gut, das ist jetzt etwas dick aufgetragen, einverstanden. Aber eine persönliche Chronik, die auch das Zeitgeschehen einbezieht, ist es schon. Das sei mir doch zugestanden, oder?

Immer schneller hat sich die Welt dank Digitalisierung und Hochleistungschips in fünfzig Jahren gedreht, in den letzten dreizehn Jahren noch viel schneller. Immer ruheloser sind wir geworden. Das hat uns nicht gesünder gemacht, dafür aber die Zeit geraubt. Rund um die Uhr erreichbar, abrufbar und überwachbar – über immer mehr Stöckchen sollte das kleine Menschlein springen. Wissen wir eigentlich, wen wir da wählen? Wer wählt eigentlich die Politiker aus, die gewählt werden? Und welche grauen Eminenzen stecken eigentlich hinter denen, die die Politiker auswählen, die am Ende vom Bürger gewählt werden? Wir wissen es nicht, aber wir sehen das Ergebnis: Überall Menschen wie Marionetten, die nicht glücklich sind. Da wird gefastet und Fett abgesaugt, um einem Schönheitsideal zu entsprechen, das wer eigentlich festlegt? Konsumiert und weggeworfen wird, was das Zeug hält, um sich Glück zu erkaufen. Alles machen wir, alles tun wir, gehetzter und gehetzter, nur um immer unglücklicher zu werden. Auch die Natur hätte keinen

Grund glücklich zu sein, wäre sie ein Mensch, die am allerwenigsten. Dabei ist Mutter Natur doch die größte Verbündete, um zu entschleunigen, die Ruhe zu bewahren und Kraft zu sammeln. Ich bin auf dem Land groß geworden, und jetzt auf Mallorca lebe ich wieder auf dem Land. Je rastloser es um mich herum geworden ist, desto entspannter und besonnener bin ich geworden. Vorbei sind die Zeiten, in denen ich meine Energie sinnlos verschwendet habe. Ich umgebe mich nur noch mit Menschen, die mir guttun, oder ich suche bewusst die Einsamkeit.

Logisch, es bleibt ein Spagat, denn wenn man als Schauspieler im Geschäft bleiben will – und wir reden von einem sehr schnelllebigen und beliebigen Geschäft – sind Erreichbarkeit und Verfügbarkeit Trumpf. Bist du nicht erreichbar, folgt eventuell noch ein letzter zweiter Anruf, während der nächste Kollege in der Reihe schon mit den Hufen scharrt. Was ich mir aber nicht mehr nehmen lasse, ist das bewusste Auskosten der Zeit im Hier und Jetzt, egal ob in der Zweisamkeit mit meiner Frau und während der Spaziergänge mit meinen beiden Hunden auf Mallorca, in Gesprächen und Treffen mit Tochter und Sohn, vor Publikum auf der Theaterbühne oder in einer Rolle vor der Kamera. Alles hat seine Berechtigung und verdient Hingabe, denn es macht aus einem sinnlosen Dasein ein erfülltes.

Was wäre das Leben schon ohne Liebe, ohne Berufung?!

Diese Biografie beleuchtet dreizehn Jahre, die abwechslungsreich und intensiv waren, in denen ich mich als Mensch besser kennengelernt habe. Mich selber verstanden? Woher denn, ich werde mir wohl auf ewig ein Rätsel bleiben. Aber lesen Sie selbst, vielleicht haben Sie ja mehr Glück …

Das Jahr 2007 oder:
Mallorca ohne den Führer

Die Weltmeisterschaft 2006 in Deutschland hatten meine Ehefrau Sonja und ich schon von Mallorca aus verfolgen können, nachdem ich frühzeitig aus dem Freigänger-Knast in Düsseldorf entlassen worden war.

Nie wieder gesiebte Luft in Deutschland atmen, was für eine Wegmarke.

Und die spanische Idylle war längst angerichtet gewesen: Für das dortige Häuschen hatte ich weiterhin Miete gezahlt, die Sozialversicherung war ununterbrochen abgeführt worden, Ab- und Anmeldung lagen wie erforderlich vor.

Nun schrieben wir schon das Jahr 2007, und alles rundherum war in bester Ordnung, als ich trotzdem wieder an das Jahr davor erinnert wurde. Wo war eigentlich dieses gerahmte Escher-Gemälde vom Hitler? Nicht, dass ich dem eine Träne nachgeweint hätte, da war die verschwundene Harley-Jacke weitaus tragischer gewesen. – Ja, die Frage ist berechtigt. Wie kommt ein Martin Semmelrogge an Adolf Hitler in Öl? Wie die Jungfrau zum Kind würde ich sagen.

Noch als Freigänger besuchte ich 2006 meinen Heimatort Boll-Eckwälden, ein gelegentliches Ritual, um die seinerzeit dort ansässige Familie nicht aus den Augen zu verlieren. Im Nachbarort Häringen saß ich gerade in einer Gaststätte über der Spezialität des Hauses, einer Schlachtplatte mit Rauchfleisch, dazu ofenfrisches Brot.

Ein Ortsansässiger sprach mich an: »Mensch, Martin, dass ich dich hier treffe. Für dich hätte ich richtig was Besonderes. Ich weiß nicht, wohin damit, und du fällst mir als Einziger dazu ein.«

Ob ich eventuell Verwendung für ein Gemälde von Escher hätte, Motiv Adolf Hitler, für zehn Euro. Aufgrund meiner Rolle als 2. Wachoffizier in „Das Boot" nach dem Buch von Lothar-Günther Buchheim war ich ja einiges gewöhnt, vor allem von ewig Gestrigen, die einen gerne mal als Nestbeschmutzer titulierten oder Realitätsferne vorwarfen. Aber bei der Nummer mit dem Gemälde klappte mir dann doch die Kinnlade runter. Ausgerechnet ich, der Einzige … – wie meinte der das jetzt? Wie auch immer, Neugierde kam schon auf, immerhin war dieser österreichische Menschenfänger von historischer Bedeutung. Außerdem fiel mir gleich mein Freund Chris de Pietro in Amerika ein, der die absonderliche Angewohnheit besaß, sich mit „Heil Hitler" zu verabschieden, obwohl er ein Freigeist vor dem Herrn war. Vielleicht konnte ich dem den „Schinken" aufs Auge drücken, als süße Rache für seinen geschmacklosen Telefon-Kalauer.

»Aber zehn Euro sind mir dann doch zu viel für den Adolf«, blieb ich alles andere als euphorisch.

»Na gut, dann nimm's halt so mit.«

Lange hatte er ja nicht darüber nachgedacht, eigentlich gar nicht – vielleicht ein ungeliebtes Überbleibsel aus dem Krieg.

Und ich, was sollte ich machen, für umsonst – erst mal mitnehmen. Bei Begutachtung hatte ich als Laie zudem das Gefühl, eine qualitativ hochwertige Arbeit vor mir zu haben. Ein sitzender Führer im Anzug, ganz ohne theatralisches Posieren. Laut meiner späteren Recherche schien Escher einer der ganz wenigen Maler gewesen zu sein, die Hitler überhaupt hatten porträtieren dürfen. Vielleicht stellte das Werk ja einen Wert dar. Durfte man Kunstwerke mit diesem Motiv eigentlich veräußern?

Sonja wohnte mit unseren Hunden ja beim Ehepaar Hermann, unweit vom Knast, in dem ich die Gastfreundschaft von Vater Staat in Anspruch nehmen musste.

In einem Schuppen standen von uns Koffer mit Klamotten, Skier und anderes mehr herum, was man halt so angehäuft hatte. Dazu gesellte sich die Neuerwerbung.

Ich erinnere mich noch genau an seinen Blick, als ich dem alten Hermann das Gemälde zeigte. Er hatte den Nationalsozialismus ja noch miterlebt und schien sich ratlos zu fragen: Semmelrogge passt nicht zu Hitler, Hitler nicht zu Semmelrogge, was will der damit?

Im Jahr 2007 fragte ich mich nun also, wo war eigentlich Hitler abgeblieben? Im Umzugswagen war er nicht gewesen. Zu gerne hätte ich dem hünenhaften Italo-Deutschen Chris, seines Zeichens Inhaber einer Boutique im mondänen Coconut Grove in Miami, dieses spezielle Präsent geschickt oder bei nächster Gelegenheit mitgebracht. 1994 hatte ich ihn während eines USA-Trips kennengelernt, und seither sind wir befreundet. Er liebt Deutschland, ist verrückt nach allem, was mit deutscher Geschichte zu tun hat – ein passionierter Sammler. Und als gebürtiger US-Amerikaner, gänzlich unverkrampft also, hätte ihm dieses Hitler-Gemälde auch keine schlaflosen Nächte bereitet.

Aber offensichtlich hatte der alte Hermann vergessen, es für uns einzupacken. Auch gut, wir waren in unserem geliebten Mallorca, sollte der Adolf ruhig in Deutschland bleiben. Ein Deutscher, der mit dem Führer unter dem Arm in die USA einreisen will, wäre vermutlich ohnehin nicht gut angekommen …

Als in Deutschland am 01. Januar die Mehrwertsteuer von 16 auf 19 Prozent erhöht wurde, nahmen wir das als gutes Omen für unser Leben auf Mallorca, zumindest so lange, bis die Spanier kurz darauf nachzogen und gleich auf 21

Prozent erhöhten. Hätten sie mal besser die USA als Vorbild genommen, dann wäre der Steuersatz deutlich nach unten gegangen.

Der Februar kam, und der Internationale Gerichtshof in Den Haag ließ verlauten, Serbien hätte sich während des Bosnienkrieges doch keines Völkermordes schuldig gemacht. Allgemeines Kopfschütteln, immerhin hatte die NATO damit einen Bombenkrieg unter deutscher Beteiligung im Jahr 1999 gerechtfertigt. Selbst der grüne Joschka Fischer hatte demonstrativ den Schulterschluss mit US-Außenministerin Madeleine Albright gesucht. Was die Richter da geritten hat, einen Karadžić derart zu entlasten, sollen andere entscheiden. Wenn es um Richter und Gerichte geht, bin ich befangen. Aber mit rechten Dingen ist das bestimmt nicht zugegangen.

Ab April beherrschten dann die Franzosen die Schlagzeilen.

Bei deren Präsidentschaftswahl schlug der „Law and Order"-Hardliner Nicolas Sarkozy die Sozialistin Ségolène Royal aus dem Feld. Ganz nebenbei hatte er dem Womanizer Mick Jagger auch noch die hübsche Sängerin und Schauspielerin Carla Bruni ausgespannt. Offenbar wirkten Machtpolitiker anziehender, standen höher im Kurs, als gestandene Rockmusiker. Zwei Jahre zuvor hatte er Brennpunktvorstädte noch mit einem Hochdruckreiniger vom Gesindel säubern wollen. Der passte wirklich gut zu George W. Bush oder dem ehemaligen Bürgermeister von New York, Rudolph Giuliani.

Natürlich wusste Deutschland noch einen draufzusetzen, mit dem G8-Gipfel in Heiligendamm nämlich. Ein Tornado-Jet schüchterte im Tiefflug Demonstranten ein, Spähpanzer wurden zur stillen Reserve der Polizei – die Bundesregierung machte sich schwer verdächtig, verfassungswidrig zu handeln. Dazu noch rund einhundert Millionen Euro Gesamtkosten und 17.000 eingesetzte Polizisten, das verstand die Regierung Merkel also unter einem rauschenden Sommerfest.

Oskar Lafontaine tauchte auch wieder aus der Versenkung auf. Gemeinsam mit Lothar Bisky übernahm er den Vorsitz der neugegründeten Partei „Die Linke". Für mein Umfeld und mich war er nach wie vor nur ein Verräter.

In der SPD hatte er sich seiner Verantwortung entzogen und Kanzler Schröder im Stich gelassen. – Apropos Gerhard Schröder, es gibt eine Verbindung zwischen Schröder, mir und Edmund Stoiber, der nach dem September ja nicht mehr Bayerischer Ministerpräsident war und außerdem vom Vorsitz der CSU zurücktrat. Es war im Jahr 2001 im Hotel Bayerischer Hof gewesen, wo ich dem Kanzlerkandidaten Stoiber meine Dienste während des beschwingten Tanzens im Rahmen des Deutschen Filmballs anbot: »Wenn Sie Fragen in Sachen

Kanzlerkandidatur haben, ich bin der absolute Kanzlerberater. Das hat schon beim Gerhard geholfen.«

Und wirklich, als Gerhard Schröder zum ersten Mal Kanzler werden wollte, traf ich ihn – bereits im Wahlkampf – im Zug mit seinen zwei Bodyguards. Muss ich noch mehr sagen, bekanntlich ist er ja 1998 Bundeskanzler geworden. Na bitte, habe ich es drauf oder habe ich es drauf?! Der Stoiber Edmund hatte meine Hilfe aber nicht annehmen wollen. Tja, selbst schuld, mein Bester. Wir alle kennen das Ergebnis.

Mit meinem Buch „Das Leben ist eine Achterbahnfahrt", das einige Jahre später in der Biografie „Ein wilder Ritt durch 50 Jahre Paragraphistan" aufgehen sollte, ging ich mit Hochdruck auf Tour. Es müssen über achtzig Auftritte gewesen sein. Zwar hatte ich eine Bookerin, die bundesweit lukrative Veranstaltungen für mich an Land zog, aber traditionelle Lesungen erschienen mir als zu fade. Davon gab es schließlich viele, auch etliche von prominenten Showgrößen – wenn es hochkam, begleitet von einem Pianisten, so einem Paul-Kuhn-Verschnitt. Nein danke, ich wollte ja Spaß haben. Also erfand ich das „Rock & Read". Mindestens ein Sänger und Gitarrist, gerne noch ein Keyboarder dazu, die zwingend Rolling-Stones-Stücke und andere Rock-Klassiker draufhaben mussten. Über das Jahr variierte die musikalische Begleitung, doch eine Zwei-Mann-Band aus Schwaben war der absolute Volltreffer. Die beherrschten das gesamte Stones-Repertoire, und der Sänger klang exakt wie good old Mick Jagger. Was willste mehr als Rock'n'Roller.

»Wir sahen aus wie Humphrey Bogart und Che Guevara, wir grölten „Sympathy for the devil" von den Rolling Stones, und es ging uns teuflisch gut«, las ich zum Beispiel und überließ den Song dann meiner Band, um schließlich mit den Worten *»bis plötzlich dieser Wagen neben uns auftauchte. Ein kleiner grauer VW Käfer mit einem Typen in Uniform am Steuer, der mir wild Zeichen gab«* fortzufahren.

Zu jeder Geschichte gab es ein passendes Musikstück, und die jeweilige Kombination und Überleitung sorgte für Schmunzeln und Gelächter.

Ich las: *»Wir kauften nicht jeden Schrott, nur weil er im Radio gespielt wurde. Wir waren damals noch kritischer. Na ja, so ein paar Ausrutscher waren bei mir auch dabei. Aber ich hatte immer noch besseren Geschmack als meine Schwester, die sich die neueste Single von Peter Maffay geholt hat, und die hieß „Du" und war wirklich entsetzlich.«* Daraufhin spielte die Band ausgerechnet dieses von mir gerade noch zerrissene „Du". Das Publikum begann mitzusingen, eine riesige Stimmung.

Dieses „Rock & Read"-Konzept hatte viel Potenzial für komödiantische Einlagen. Und wenn es mit den Musikern besonders gut harmonierte, machte das Zwerchfell Überstunden. Was das angeht, habe ich mir einiges vom

Helge Schneider abgeguckt. Natürlich war Rockmusik ein entscheidender Faktor, denn die hörte mein Publikum am liebsten, so wie ich. Der Kreativität waren da keine Grenzen gesetzt. Rex Gildos „Fiesta Mexicana" rockig interpretiert, damit kriegst du jeden. Und schließlich bezahlten sie, um unterhalten zu werden.

Es trugen sich aber auch besondere Begebenheiten am Rande zu, so zum Beispiel nach einer Lesung am Flughafen Langenhagen-Hannover, während der obligatorischen Autogrammstunde mit Buchverkauf. Da holte mich meine Rolle in dem Antikriegsdrama „Das Boot" aus dem Jahr 1981 wieder ein. Ein betagtes Ehepaar überreichte mir eine alte Mappe mit den Worten: »Das ist die wahre Geschichte von U 96.«

Es war ein Geschenk der wirklich besonderen Art, denn es enthielt Originalaufzeichnungen zu Alltag und Geschehnissen auf jenem zu Berühmtheit gelangten U-Boot der deutschen Kriegsmarine – saugeil, eigentlich unbezahlbar.

Dank einer glücklichen Fügung konnte ich erstmals auch gemeinsam mit meiner Tochter Joanna auf der Bühne stehen. Ein Jahr zuvor hatte sie die Schöne aus „Die Schöne und das Biest" ja schon auf dem südbayerischen Theaterfestival verkörpert. Nun sollte sie in eben dieser Rolle bei Festspielen im Chiemgau auftreten. Und um das gleich vorauszuschicken, für mich lief es nicht auf die

Rolle des Biestes hinaus. Vielmehr war ich zu dem Zeitpunkt für gar keine Rolle vorgesehen.

Da meine Tochter mich aber gerade auf Mallorca besuchte und aus Kostengründen meine Telefonnummer hinterlegt hatte, landete der Anruf des verantwortlichen Regisseurs zunächst bei mir. Ich gab an meine Tochter weiter, beide stimmten sich zum Projekt ab, und ich bekam das Telefon mit den Worten zurück: »Der Regisseur möchte dich nochmal sprechen.«

Der fragte mich direkt, ob ich nicht Lust hätte, den Vater der Schönen zu spielen. Klar hatte ich Lust. Mit meiner Tochter gemeinsam auf der Bühne zu stehen, das hatte schon was.

Mit unserer gemeinsamen Schauspielagentur Neidig war sie übrigens auch schneller gewesen. Johannes Hallervorden, Sohn von Dieter Hallervorden, hatte ihr die Tür dorthin geöffnet. Erst ein Jahr nach Joanna – im Jahr 2017 – war ich dazugekommen. Vorbehalte ließen Agenturen vorsichtig zu Werke gehen. Zu Zeiten von „Das Boot" waren mir meine Eskapaden ja noch verziehen worden. Viele hatten hinter mir gestanden und mich weiterhin besetzt. Später ist der Wind rauer geworden. Schauspieler hatten beruflich und privat ohne Wenn und Aber zu funktionieren.

Ich denke, der Bucherfolg und die vielen Lesungen haben dazu beigetragen, mir neues Vertrauen zu erarbeiten, genauso wie auch meine als Theaterschauspieler unter Beweis gestellte Wandlungsfähigkeit und ungebrochene Beliebtheit. Die Agenturinhaberin Claudia Neidig jedenfalls hat mir ihr Vertrauen geschenkt – eine fruchtbare Zusammenarbeit von Beginn an. Mittlerweile ist auch Heinz Hoenig an Bord, mein alter „Boot"-Kumpan.

Das Jahr 2008 oder:
Die Sache mit der
„Rocky Horror Show"

Ich halte mich ja selbst für einen zähen Hund, der sein eigenes Ding durchzieht. Aber gegen den, der im Februar nach annähernd einem halben Jahrhundert abgetreten ist – nur krankheitsbedingt, versteht sich – empfand ich mich dann doch irgendwie als ein Dünnbrettbohrer. Von Fidel Castro spreche ich, sehr richtig. Man kann ja sagen, was man will, aber 49 Jahre lang hat der sein Kuba von den Amerikanern mitsamt deren Casinos, Fastfood-Ketten und ausufernder Militärpräsenz sauber gehalten, die Weltmacht mit dem Desaster in der Schweinebucht sogar bis auf die Knochen blamiert. Welcher andere studierte Rechtsanwalt konnte das schon von sich behaupten?! Aber altgedient hin oder her, jetzt winkten süße Veränderungen: Die 98 Meilen von Key West aus nicht mehr nur sehnsuchtsvoll hinüberschauen zu können, sondern endlich das 50er Jahre Freiluftmuseum Kuba mit eigenen Augen genießen zu dürfen, kein Einreiseverbot mehr für die USA, wenn den eigenen Reisepass ein kubanischer Stempel zierte. Nicht zu vergessen, ohne

Touristenströme und Industrie im großen Stil war die Natur weitestgehend unberührt geblieben. Es gab also viel nachzuholen. Und Cohiba-Zigarren Made in „Dom Rep", auch das würde doch sicher bald an Bedeutung verlieren. Vorbei die Zeiten, in denen das geschmuggelte kubanische Original in den USA als knappes und sündhaft teures Statussymbol dienen konnte.

Und weil wir gerade bei Staatspräsidenten sind, in Russland kam im Rahmen der Präsidentschaftswahl ein Herr namens Dmitri Medwedew ins Spiel. Dmitri wer? Ach so, richtig, der bisherige Ministerpräsident. Wladimir Putin wollte zwar noch, durfte aber nach zwei Amtszeiten nicht mehr. Kein Problem, wurde eben „Bäumchen wechsle dich" gespielt. Nach vier weiteren Jahren würde man den Urzustand ja wieder herstellen dürfen. Ein gestandener, ehemaliger KGB-Offizier mit Organisationstalent wusste eben, wie man im Sessel des russischen Staatspräsidenten alt werden konnte.

Da war der Blick über den großen Teich viel sympathischer, wo sich der Demokrat Barack Obama klar gegen den altgedienten Kriegsveteranen John McCain durchsetzen konnte, welchen kaum jemand wirklich wollte. Nach zwei vollen Amtszeiten George W. Bush konnte das nicht überraschen. Zum Glück befand man sich nicht in Russland, und der „Drops" Bush war unumstößlich gelutscht. Alle waren wir von dem frischen „Yes we can"-

Hoffnungsträger begeistert. Und ein dunkelhäutiger 44. Präsident der USA – das war längst überfällig und hatte Charme. Er wirkte authentisch, dazu seine tolle Ehefrau Michelle – endlich ein deutliches Zeichen gegen die vielerorts in den USA noch immer gelebte Rassentrennung, stolz wie Oskar, keine Schwarzen in der Gemeinde zu haben: ‚We are clean and safe!‘ – Am Ende ist es wieder nur bei einem enttäuschten Hoffnungsschimmer geblieben. Das Guantanamo-Lager nicht geschlossen, einen ausufernden Dronenkrieg mit unzähligen zivilen Opfern vorangetrieben, keine Fortschritte in der US-Rassenproblematik – das war nicht das stolze Erbe eines Friedensnobelpreisträgers. Aber Ende des Jahres 2008 war das noch kein Thema.

Am 28. Oktober durften sich Theaterfreunde und Rockfans gleichermaßen auf eine Weltpremiere in Berlin freuen. Im Admiralspalast wurde eine Neuinszenierung der „Rocky Horror Show" aufgeführt, und ich gehörte zum Ensemble. Aber genauso, wie ich in „Die Schöne und das Biest" nicht das Biest gegeben hatte, trug ich in meiner Rolle hier keine Strapse.

Umso besser für mich, ich durfte nämlich die Figur des Geschichtenerzählers übernehmen. Die Kritiken fielen super aus, allen voran für den Darsteller des Dr. Frank N. Furter und für mich als ultimativen Spaßfaktor.

Im Unterschied zum Erzähler im Spielfilm war ich in der Theaterinszenierung sozusagen provokanter Teil des Establishments, der aus einem Buch vorlesend beobachtete, in deutscher Sprache das in englisch vorgetragene Geschehen erläuterte und kommentierte. Ein sortierter Semmelrogge mit Fliege und Smoking auf der einen Seite, auf der anderen die ganzen Aliens und androgynen Typen inmitten von wildem Sex jeder mit jedem, Rockmusik und Anarchie. Dieser Gegensatz war an sich schon ein Brüller.

Aber zum eigentlichen Kult gehörte eben auch das Auspfeifen und die Zwischenrufe des Publikums auf meine Ausführungen hin *»Ich möchte Sie, sofern Sie nichts dagegen haben, auf eine bemerkenswerte Reise mitnehmen. Janet und Brad, zwei durchaus untadelige junge amerikanische Leute, verließen das Städtchen Denton an jenem späten Novembernachmittag, um einen gewissen Dr. Everett von Scott ...«*, begann ich.

»Uhh!«, reagierte das Publikum wie aus einem Mund.

»... Dr. Everett von Scott aufzusuchen, ...«

»Uhh!«

Natürlich ließ ich mich der Agenda folgend nicht davon aus der Ruhe bringen: *»... aufzusuchen, ehemals Lehrer, mittlerweile guter Freund der beiden. Richtig ist, dass ein Sturm aufkam, dass schwere Wolken am Himmel tobten, schwarz und schwülstig, dass die beiden direkt darauf zufuhren.*

Richtig ist wohl auch, dass es dem Ersatzreifen, den sie mit sich führten, nicht unerheblich an Luft mangelte. Doch da sie eher sorglose junge Leute waren an ihrem freien Abend – nun den, den wollten sie sich doch von einem kleinen Sturm nicht verderben lassen. …«

Wie vorgesehen, brachte sich das Publikum im weiteren Verlauf immer wieder lautstark ein, mit Zwischenrufen wie »Boring!« etwa. Überhaupt entsprach mir die Rolle des Erzählers auch deswegen, weil sie immer wieder Raum für Improvisation bot:

»Boring!«

»Ja, das sagt eure Frau immer, wenn sie euch im Schlafzimmer sieht«, hielt ich grinsend dagegen, und das amüsierte Gelächter war mir zusätzlicher Lohn.

»Boring! Boring!«, wurde an anderer Stelle krakeelt.

Ich klappte demonstrativ das Buch zu und klemmte es mir unter den Arm: »Ja, macht ruhig, wir müssen eh etwas Zeit schinden für die Umbauphase. Seid froh, dass Ihr nicht auf dem Berliner Flughafen BER seid.« Die Lacher waren mir todsicher.

»Boring!«, stellte mich das Publikum weiterhin auf die Probe.

»Einen Mr. Boring haben wir hier nicht. Oder haben wir hier einen Mr. Boring?! Nein, kein Mr. Boring.«

Schön war es auch, sich einen einzelnen imaginären Störenfried vorzunehmen, wobei ich einen festen Punkt irgendwo im Publikum fixierte: »Geh doch einfach auf Toilette pinkeln, solange! Ich glaub', die ist jetzt frei, wo alle hier im Saal sitzen! Ja, nu' guck nicht so, wir warten auch, bis du fertig bist!« Dann ließ ich meinen Blick umherwandern und reduzierte die Stimme, so als wollte ich nur das übrige Publikum einbeziehen: »Natürlich warten wir nicht auf den Pisser.«

Oh ja, ich hatte meinen Spaß und wurde sogar noch gut dafür bezahlt.

Wie kam ich nun aber zu diesem Musical des Veranstalters BB Promotion? Unkonventionell, wie des Öfteren mal. Als Sänger bin ich selbst mit viel Fantasie und bei größtmöglichem Wohlwollen nicht zu gebrauchen – bei der Stimme und ohne jegliches Taktgefühl.

Das wäre ja wie ein Schlagzeuger ohne Stöcke. Wer sollte in Zusammenhang mit einem Musical also ausgerechnet auf mich kommen? Entsprechend erhielt meine Agentin Verena de la Berg eines schönen Nachmittags eine Reihe von Anrufen, die sich ursprünglich nicht um mich drehten und in etwa so abliefen: »BB Promotion, guten Tag, haben Sie den Glatzeder?«

»Da sind Sie bei der falschen Agentur, einen Glatzeder habe ich nicht.«

Kurze Zeit später der nächste Anruf: »BB Promotion, guten Tag, wir hätten gerne den Winfried Glatzeder.«

»Wie ich schon gesagt habe, wir haben keinen Glatzeder.«

Sie riefen tatsächlich ein drittes Mal an, was man wohl langsam als schicksalhaft betrachten konnten: »Guten Tag Frau de la Berg, BB Promotion, wir wären sehr interessiert an Ihrem Schauspieler Winfried Glatzeder.«

»Ich kann mich da nur wiederholen, den Winfried Glatzeder haben wir hier nicht. Aber sagen Sie mal, wofür brauchen Sie ihn denn, wenn ich fragen darf. Wenn Sie mich schon drei Mal anrufen, wüsste ich doch gerne, warum Sie so sehr an dem Herrn Glatzeder interessiert sind.«

»Wir brauchen ihn als Erzähler für unser Musical „Rocky Horror Show“.«

»Da haben wir einen viel Besseren für Sie«, hatte meine Agentin postwendend die geeignete Alternative parat, »nämlich den Herrn Semmelrogge. Überlegen Sie mal, der passt doch wie die Faust aufs Auge. Der lebt die „Rocky Horror Picture Show“ praktisch, und den kennt jeder.«

Ja klar, der ist genauso bad, bizarre and bloody brilliant … :-)

»Auf den sind wir ja gar nicht gekommen«, kam es halb überrascht, halb begeistert zurück, »aber jetzt, wo Sie das so sagen …«

»Denken Sie mal darüber nach. Also, den Herrn Semmelrogge hätten wir für Sie. Er ist zwar gut beschäftigt, aber da könnten wir bestimmt eine Möglichkeit finden. Von welchem Zeitraum reden wir denn?«

So kam ich zu der megageilen Rolle. Man könnte auch sagen, es war *just a jump to the left*. Einen Monat in Berlin, anschließend Tournee-Auftritte in Düsseldorf, München und Frankfurt. In den Jahren bis 2019 sollten noch zwei weitere Tourneen folgen. *Let's do the time warp again.*

Mit der „Rocky Horror Show" wurde ich auch interessant für die Macher anderer Showformate, welche erkannten, dass ein Martin Semmelrogge durchaus große Produktionen und sogar Tourneen mittragen konnte. Konkret war es eine graue Eminenz rund um die Karl-May-Spiele Bad Segeberg, die mir ohnehin schon seit Jahren zugetan war. Ein cooler Typ mit Porsche und Designer-Bomberjacke, auf seine Art so eigenwillig wie ich. Der entsandte mich zwar trotzdem vorab nach Bad Segeberg, damit ich mich den Verantwortlichen dort einmal persönlich vorstellte, aber das gehörte halt zum Aufnahmeritual. Die Rolle des Oberschurken in „Der Schatz am Silbersee" für die Spielzeit 2009 fiel mir jedenfalls problemlos zu.
Dazu komme ich dann im nächsten Kapitel.

Damit nahm das Jahr 2008 nach beschaulichem Start zum Schluss hin – will sagen im Finish – noch eine rasante Entwicklung. Finish? Wie komme ich jetzt auf Finish? Natürlich, Stichwort Autorennen. Immerhin habe ich mir um den Preis erlittener Tiefschläge und Entbehrungen einen Ruf als Rennfahrer erarbeitet – okay, okay, einen zweifelhaften Ruf als Rennfahrer auf öffentlichen Straßen erarbeitet. Und wenn schon, das spricht doch nur für meine große Leidenschaft für schnelle Autos und Motorsport. Außerdem verbindet mich diese Liebe mit zwei Männern, die in jenem Jahr in den Mittelpunkt des Interesses rückten.

In Monza holte Sebastian Vettel am 14. September seinen ersten Grand-Prix-Sieg. Damit wurde er mit nur 21 Jahren der jüngste Sieger in der Formel-1-Geschichte. Ich ziehe den Hut, Sebastian, Ehre wem Ehre gebührt. Du hast die deutschen Farben in den Wind gehalten.

Nur zwölf Tage später verstarb ein Mann, der nicht nur als Schauspiellegende mit zwei Oscars und neun Oscar-Nominierungen unvergessen bleiben wird, sondern der sich auch als Rennfahrer einen Namen gemacht hat: Paul Newman. Im Jahr 1974 war es gewesen, als dieser Kerl – und bitte, ich gebrauche den Begriff „Kerl" bewusst aus Ehrerbietung – auf einem Porsche 935 den zweiten Platz bei den 24 Stunden von Le Mans errang. – Paul, du musst dich zwar noch gedulden, aber sobald ich von der irdischen Bühne abgetreten bin, stoße ich zu dir. Wir haben viel zu bequatschen, so von Schauspieler zu Schauspieler und Rennfahrer zu Rennfahrer. Halt mir einen lauschigen Platz warm. So long.

Das Jahr 2009 oder:
Wie ich Karl May
das Fürchten lehrte

Ab Sommer gab ich bei den Karl-May-Spielen Bad Segeberg den Antagonisten Cornel Brinkley in „Der Schatz im Silbersee". Der edle Winnetou wurde von meinem spontanen wie lebhaften Kollegen Erol Sander verkörpert. Schon unser erstes Zusammentreffen war denkwürdig. Alle relevanten Darsteller saßen zur ersten Leseprobe beisammen – alle bis auf ihn.

Zu seiner Ehrenrettung sei aber angemerkt, im zu lesenden Skript war Winnetou bis dato auch noch nicht in Erscheinung getreten. Und dann fuhr ein VW Phaeton vor, gefahren vom verspäteten Erol.

Als er kurz darauf eintrat, ließ ihn seine Erklärung auch gleich edel und heldenmütig wie seinen Winnetou erscheinen: »Ich wurde aufgehalten, weil mir in der Nacht eine verwirrte Frau fast vors Auto gelaufen wäre. Ich habe erst einmal angehalten und die Polizei angerufen.«

In der Notrufzentrale hatte man wohl Probleme gehabt, seinen Namen richtig aufzunehmen, woraufhin Erol die Strategie geändert hatte: »Hier spricht Winnetou, bitte

holen Sie diese verwirrte Frau schnellstens bei Kilometer-
stein soundso ab!«

Der erste kollektive Lacher des Tages. Dazu sollte man
noch erwähnen, dass Erol Sander aus München kommend
die Nacht durchgefahren war.

Als Nächstes richtete er seinen Blick gezielt auf mich:
»Ich bin übrigens der Protagonist, alles klar?«

»Ja, ich weiß, aber der Antagonist erschießt den Protago-
nisten«, erwiderte ich grinsend.

Natürlich haben wir uns später noch eingehender
beschnuppert, und es fielen Sätze wie diese: »Also Martin,
für mich bist du der deutsche Joe Pesci« oder »Wir müssen
ja keine Freunde werden, aber wir werden hier ein geiles
Ding machen.«

Das war ganz nach meinem Geschmack: »Ja, Erol, wir
werden das Ding rocken. Also ich will auf jeden Fall
280.000 Zuschauer.«

»Na komm, 300.000«, legte er sofort nach.

»Ja, na 300.000 will ich auch haben, aber das Mindeste
sind 280.000.«

So heizten wir uns gegenseitig an. Natürlich war der
Erfolg von Open-Air-Veranstaltungen auch stark
wetterabhängig.

Aber an uns würde der Triumph jedenfalls nicht
scheitern, so viel war damit klar. Am Ende knackten wir
mit über 320.000 Zuschauern in der Saison 2009 den bishe-

rigen Rekord aus dem Jahr 1991 mit Pierre Brice in der Hauptrolle.

Erol Sander erwies sich als ein super Kollege auf Augenhöhe, der mich extra aufforderte, mir den schauspielerischen Raum zu nehmen, den ich bräuchte. Das war in unserem Geschäft nicht unbedingt üblich und sprach sehr für ihn. Fürsorglich war er außerdem, erkannte er in mir doch einen wilden Reiter und in meiner weißen Stute unberechenbares Temperament. Deshalb sollte ich unbedingt vorsichtig mit ihr sein. Aber das prachtvolle Tier war meine Wahl gewesen. Ein weißes Pferd für den Schurken mit der schwarzen Seele. Ein perfekter Kontrast. Ist doch originell, oder nicht?

An einem Probetag hätte mich meine Stute tatsächlich beinahe erschlagen, woran sie aber völlig schuldlos war. Schuld waren vielmehr glatte Plastikbohlen unter dem Sand sowie stundenlanges Proben, was diesen glatten Untergrund nach und nach freigelegt hatte. Ich ritt gerade eine Attacke und sollte mein Pferd laut Drehbuch zügeln, als es prompt ausrutschte. Mich schleuderte es vom Sattel, und dabei dachte ich nur noch, hoffentlich stürzt der Gaul nicht auf mich drauf. Das blieb zwar aus, aber die derbe Landung auf dem Arsch ließ mich glauben, mein Becken sei womöglich gebrochen. Zaghafte Bewegungsversuche, soweit schien alles okay zu sein. Es ging zum Check-up in die Klinik, wo man grünes Licht gab. Am Abend schaute noch ein großartiger Masseur vorbei, der mich derart gut wieder hinbog, dass ich mich am nächsten Tag zurückmelden konnte.

»Ich spiele weiter, alles soweit gut, Donald«, vermeldete ich dem Regisseur.

Der war sichtbar erleichtert: »Ja super!«

»Ich liebe Bad Segeberg, aber sterben will ich hier trotzdem nicht. So begeistert bin ich dann doch nicht«, musste noch ein trockener Kommentar her.

Mit Donald Kraemer hatte erstmals ein Fernsehregisseur das Kommando über die Inszenierung. Er machte es souverän, gab dem Ganzen vielleicht sogar eine besondere Würze hier und da.

Was den Umgang mit Pferden betrifft, da bin ich kein unbeschriebenes Blatt. Mit 14 Jahren hatte ich es zum bronzenen Abzeichen im Dressur- und Springreiten gebracht, dank eines zackigen Lehrers in der Reitschule Icking nahe dem bayerischen Wolfratshausen. Für meine Arbeit als Schauspieler war die Fähigkeit gut reiten zu können hilfreich, wie sich in Bad Segeberg zeigte. Vielleicht rettete es mir ja auch Becken und Hals, möglich wär's.

Erol Sander und ich standen in den Pausen oft beisammen, zur gemütlichen Zigarette zwischendurch. Auch mit Dorkas Kiefer, die die Revolverheldin Jolene Blenter gab.

Wir kannten uns schon von einer früheren Zusammenarbeit – eine tolle Kollegin und liebe Freundin.

Meinen liebenswerten Kollegen Harald Wieczorek habe ich als skrupelloser Bandenchef mehrmals erschossen. An dieser Stelle möchte ich gestehen. Banken und Postkutschen zu überfallen war mir ein Fest. Aber dich ins Jenseits zu befördern, lieber Harald, ist mir im Herzen nicht leichtgefallen. Ich muss das klarstellen, weil ich mich durch nichts davon habe abhalten lassen, dir als dem Geschäftsmann aus der Postkutsche das anzutun. Selbst ein Blindgänger konnte mich nicht aufhalten. Mein Revolver versagte mir einmal den Dienst, machte keinen Mucks.

Du hast mich mit großen Augen angeguckt, das Publikum hat mich mit großen Augen angeguckt. Und ich, ich habe einen Augenblick überlegt, bevor ich die Waffe wieder ins Holster schob, so als hätte ich meine Meinung geändert.

»Knarre her!«, forderte ich meinen Adjutanten improvisiert auf.

»Zu früh gefreut«, ließ ich dich mit genüsslichem Grinsen wissen, legte an und feuerte. Wie gut, dass das Zündplättchen diesmal nicht versagte.

Nichts für ungut, Harald, man sieht sich.

Im Laufe der Wochen meines Karl-May-Debüts geschah noch etwas anderes, etwas, das ich in meiner langjährigen

Laufbahn so oder ähnlich noch nie erlebt hatte. Eines Nachts im Traum überwand ich Zeit und Raum, um mein ganz eigenes Karl-May-Abenteuer zu durchleben: Es ist dunkel im Raum. Durch die Fenster fällt fahles Licht hinein – Mondlicht oder vielleicht Straßenbeleuchtung. Es reicht, um mehr und mehr der Einrichtung zu erkennen. Da steht ein großer Schreibtisch mit Laptop und Drucker. Ablagefächer angefüllt mit Papieren sehe ich auch darauf, außerdem eine Telefonanlage. Der Arbeitssessel ist der eines nach Prestige süchtigen Chefs. Überhaupt besteht die gesamte Einrichtung aus Designermöbeln – glänzend weiße Oberflächen gepaart mit dunklem Holz in unkonventioneller Formensprache. Eindeutig ein Büro. Und dort, im Schatten an der Wand hängt auch ein großformatiger Fernsehbildschirm.

Moment, so gut haben sich meine Augen nun auch wieder nicht an die Dunkelheit gewöhnt. Warum weiß ich diese Details? Und was mache ich hier eigentlich? – Da, ich höre ein Geräusch hinter der geschlossenen Tür. Jemand tritt ein, ein stattlicher Mann mit altmodischer Petroleumlampe.

Im warmen Lichtschein sehe ich ihn gut: ein dichter weißer Schnurrbart, dazu ein Kinnbart und kaum zu bändigendes Haupthaar von gleichem Weiß. Seine Kleidung ist die eines Wildwest-Trappers aus dem 19. Jahrhundert. Überrascht, geradezu erschrocken schaut er sich um, hält die mobile Lichtquelle dazu in alle Richtungen hoch.

»Oh, mein Gott, das ist starker Tobak«, spricht er und nimmt dabei die Pfeife aus dem Mund, welche offensichtlich nicht mehr zieht. »Ich muss träumen. Was ist mit meiner Stube geschehen?«

Das Telefon beginnt zu klingeln, und der Fernseher geht wie von Geisterhand an.

Ausgestrahlt wird gerade die Sicht aus dem Weltraum auf die Erde.

»Emma!«, beginnt er laut zu rufen. »Emma, Schatz, komm schnell, das musst du sehen!«

Rückwärts stolpert er gegen die Wand und betätigt dabei unwissentlich den Lichtschalter.

»Elektrisches Licht? In meiner Stube? Emmaaaa!«

Anstelle einer Emma tritt Cornel Brinkley in das von künstlichem Licht durchflutete Zimmer. Cornel Brinkley?

Wie jetzt, das bin ja ich, Martin Semmelrogge! Ich trage die runde Sonnenbrille, den dunkelblauen Mantel, schwarze Jeans und Cowboystiefel. So weit, so gut. Aber die Klamotten sind nicht verstaubt, der Hut ist auch kein altmodischer Cowboyhut. Und wo ist der Revolvergurt? Da ist keiner. Dafür halte ich … also er etwas anderes in der Hand.

Der ältere Mann hat Semmelrogge alias Brinkley noch nicht bemerkt:

»Emma, wo bleibst du denn?! – Oder ist das alles gar nicht wahr? Bin ich vielleicht schon tot?«

Brinkley drückt ihm einen Elektroschocker in den Nacken.

»Noch nicht, du Penner, aber gleich. Das ist mein Büro!«

Es knistert, Funken sprühen, und die weißen Haare des Opfers richten sich auf – ansonsten keine körperliche Reaktion. Ich, will sagen Brinkley versucht es immer wieder – ergebnislos. »Ein ganz harter Bursche, was?!«

»Lasst das! Wieso brecht Ihr in mein Haus ein. – Emma, hol Hilfe!«

»Dein Haus? Das ist mein Büro, und jetzt halt endlich die Schnauze! Hier gibt's keine Emma, klar?!«

Der ältere Mann, nunmehr mit zu Berge stehenden Haaren wie Zuckerwatte, dreht sich langsam zu ihm um. Statt Furcht spricht aus ihm trotziger Stolz: »Mein Name ist Karl May. Doktor Karl May, Schriftsteller und Weltreisender. Das ist mein Haus, und meine Ehefrau Emma war gerade noch in der Küche.«

Während er spricht, wird er auf einen Drehstuhl gezwungen und mit Handschellen gefesselt. »Hör mal, Paps, wenn du Karl May bist, bin ich Old Shatterhand«, grinst Brinkley vor sich hin.

»Woher kennt Ihr Old Shatterhand? Ich habe noch gar nichts zu ihm veröffentlicht.«

Sein Peiniger hält sich den Finger an den Kopf:

»Nicht alles so, wie es sein soll da oben, was?! In Büchern habe ich von ihm gelesen, und in Spielfilmen habe ich ihn gesehen.«

Er dreht den Gefangenen in Richtung Fernseher, wo gerade eine Dokumentation über nordamerikanische Ureinwohner in ihrem tristen Reservat läuft – mehrheitlich übergewichtig und alle in moderner westlicher Kleidung. »Na, was sagst du nun?«

»Ein faszinierendes Gerät. Hoffentlich erinnere ich mich noch daran, wenn ich aufwache. – Aber das sind keine echten Indianer«, stellt Karl May selbstbewusst klar.

Brinkley ist drauf und dran, die Geduld zu verlieren und wieder den Elektroschocker einzusetzen: »Hör mal zu, Karl der Weiße oder wie du heißt. Das sind Hualapai, echte Indianer, so sehen die eben aus im 21. Jahrhundert.«

»21. Jahrhundert, verstehe. Das erklärt manches«, witzelt der berühmte Schriftsteller. »Ich befinde mich also in der Zukunft. Und Ihr, mein ungestümer Freund, was ist eure Rolle in meinem Traum?«

Ich sehe mein Ebenbild das Gegenüber mitleidig betrachten: »Hör mal zu, Kumpel, ich bin alleine hier. Oder siehst du noch jemanden? Also lass das mit deinem „Ihr“ und „Euch“. Ich bin echt, die Handschellen sind echt und der Elektroschocker ist es auch, obwohl der wohl eine Macke hat«, wobei er das Gerät schüttelnd ans Ohr hält. »Am liebsten würde ich die Bullen rufen oder am besten gleich die Männer in den weißen Kutten. Ich glaube nämlich, du gehörst in eine geschlossene Anstalt, mit deinem Trapper-Outfit im Fransen-Look. So bricht kein Kleinganove in Büros ein, da kenne ich mich aus. Außerdem weiß jeder Ganove, mit wem er es bei Cornel Brinkley zu tun hat.«

»Fürwahr, man wollte mich schon oft in die Nervenheilanstalt einweisen«, fällt die Antwort darauf nachdenklich aus. »Aber bei meiner Ehre, ich bin der echte Karl May. Vielleicht erlaubt Ihr euch ja einen Scherz mit mir.«

Brinkley setzt sich an den Schreibtisch und schaltet den Laptop ein. »Schon mal was vom Internet gehört, vom Googeln?

Ach, was frage ich überhaupt, du kommst ja aus der Vergangenheit«, kommentiert er ironisch vor sich hin.

Nach einigem Tippen zieht er den Drehstuhl mit dem vermeintlich Gestörten zu sich heran. »So, bitteschön, hier hast du deinen Karl Friedrich May. Lesen kannst du ja wohl.

Und beachte die Vergangenheitsform: Er hatte, er war, er ist gestorben im Jahr 1912. Da sind auch noch Fotos. Würde mich sehr wundern, wenn du dich darauf wiedererkennst ...« Sein Grinsen gefriert.

»Das verstehe ich nicht, ich lebe doch noch«, stottert ein verwirrter Karl May.

»Das verstehe ich nicht, wie kannst du genauso aussehen, wie der Kerl auf den Fotos?«, stottert ein ebenso verwirrter Cornel Brinkley …

Ich wachte auf.

An die meisten Träume kann man sich ja nicht mehr erinnern, und wenn, dann verblassen sie recht schnell. Dieser ist mir im Gedächtnis geblieben. Ein Glück, denn ich finde ihn amüsant. Er hat seinen Platz in diesem Buch verdient.

Die Auftritte in Bad Segeberg waren genau wie die „Rocky Horror Show" das pure Vergnügen für mich. Gerne bin ich deshalb fünf Jahre später in die Welt des Karl May zurückgekehrt, allerdings im Rahmen der Karl-May-Festspiele des europaweit renommierten Elspe-Festivals im Sauerland. Meinem Schurken-Image bin ich – der geneigte Leser kann es sich denken – treu geblieben. Ich mimte den intelligenten Gangsterboss Weller in der Inszenierung „Unter Geiern" als Gegenspieler von Winnetou und Old Shatterhand. Na ja, wer hätte mich schon gerne als anmutigen Apachen oder hünenhaften Lex-Barker-Ersatz sehen wollen?!

Wieder einmal wurde es Zeit für ein Gerichtsurteil. Dem zugrunde lag eine Fahrzeugkontrolle. Im Verlauf derselben hatten mich die ausführenden Beamten nach

Begutachtung des Führerscheins darauf hingewiesen, dass das Dokument in Deutschland nicht gültig sei.

»Die Fahrsperre war bis Ende 2006 befristet«, versuchte ich zur Klärung beizutragen.

»Das ist richtig, die hat geendet«, ließ sich der Freund und Helfer davon nicht beeindrucken, »aber Sie haben ja gar keinen deutschen Führerschein.«

Bestimmt glotzte ich in dem Moment ziemlich ungläubig bis verdattert aus der Wäsche: »Brauche ich ja nicht, ich lebe in Spanien.«

Dieser fruchtlose Disput, der noch eine Weile so weitergegangen war, hat jedenfalls nichts bewirkt, außer der Zustellung des besagten Gerichtsurteils. Und siehe da, es geschahen doch noch Zeichen und Wunder. Die Gültigkeit meines spanischen Führerscheins auch in Deutschland wurde darin bestätigt. Denn erstens hatte ich diesen erst nach Ablauf meiner deutschen Fahrsperre gemacht, und zweitens lag mein einziger und wahrer Wohnsitz in Spanien.

Ein weiterer dritter Punkt sprach auch noch für mich, aber entscheidend war letztlich, dass in meinem Sinne entschieden worden war. Für mich, der ich mit dem deutschen Justizsystem in der Vergangenheit so meine Erfahrungen gemacht hatte, waren recht haben und recht bekommen nicht zwingend zwei Seiten derselben Medaille.

Und der sinnfreien Argumentation während der Polizeikontrolle nach zu urteilen, hätte in dem aktuellen Wisch so ziemlich alles stehen können.

Das Jahr 2010 oder:
Ein Jahr der schnellen
Gelegenheiten

Das Leben eines namhaften Schauspielers hat, neben dem Geld verdienen, noch den charmanten Vorzug, gelegentlich schillernde Momente zu erleben. So geschehen mitten während der Fußball-WM, die zwischen Mitte Juni und Mitte Juli in Südafrika stattfand. Sie wissen doch noch, die erste WM auf afrikanischem Boden, und mit Thomas Müller als Torschützenkönig und Bastian Schweinsteiger als unerwarteter Geheimwaffe holten unsere deutschen Jungs den dritten Platz hinter Spanien und den Niederlanden. In eben dieser Zeit war mein Spielfeld ganz woanders, nämlich auf dem „Filmfest München 2010", wo der Förderpreis des Deutschen Films zu vergeben war. Irgendjemand hatte es doch tatsächlich für eine gute Idee gehalten, mich in die Jury für Kurzfilme zu berufen. Auf dem roten Teppich war ich in bester Gesellschaft neben dem Filmproduzenten Oliver Berben oder der Schauspielerin und Tochter von Bernd Eichinger, Nina Eichinger. Passend zum Anlass fuhr ich mit einem auffälligen Ferrari vor und wohnte im mondänen Hotel

Vier Jahreszeiten – letzteres übrigens wie mein Schauspielkollege und langjähriger Weggefährte Ralf Richter, der wie ich Jurymitglied war. – Nein, der Ferrari war nicht signalrot, sondern kupferbraun! Ich wollte ja auch nicht diesen berühmten Film-Privatdetektiv aus Hawaii kopieren, dazu fehlten mir der üppige Schnurrbart und die dunkle Lockenpracht. Und nein, ich hatte davor auch nicht erfolgreich eine Bank überfallen! – Gut, ich sehe schon, erzähle ich also was zur Geschichte des Ferrari: In Oberösterreich genoss ich von Zeit zu Zeit ein sehr privates Umfeld bei einer Familie, die ich bis heute als meine Familie betrachte, wenngleich nicht blutsverwandt. Diese betrieb und betreibt in Neukirchen an der Vöckla den Hotel Gasthof „Böckhiasl" und ist regional bestens vernetzt. Über viele Jahre hinweg habe ich dort weitere Freundschaften geschlossen und Verbindungen geknüpft. Einer dieser Freunde war Jürgen, ein Sammler von Oldtimern und feinsten Nobelkarossen von Pullmann über Aston Martin bis hin zu Ferrari und zudem Inhaber eines Autohauses mit dem verheißungsvollen Namen „Autoparadies".

Nun weilte ich also gerade bei meiner zweiten Familie in Neukirchen, und das Filmfest München stand vor der Tür. Da erinnerte ich mich an ein großzügiges Angebot, welches mir Jürgen einmal gemacht hatte und stand kurz darauf bei ihm auf der Matte: »Ich muss für drei Tage zum

Filmfest nach München, sitze da in der Jury. Wäre cool, wenn ich einen von deinen Wagen bekommen könnte.«

Ein Mann, ein Wort, Jürgen erinnerte sich sofort: »Ja sicher, kannst du haben. Was willst du, einen Jaguar?«

»Ja, na ja, nicht unbedingt«, hielt sich meine Euphorie in Grenzen. Mir schwebte längst ein Ferrari vor.

»Range Rover?«

»Nein, ich dachte mehr an Ferrari.«

»Ach, den Ferrari«, klang nun der Jürgen nicht sonderlich angetan.

Ich beeilte mich, umso begeisterter zu klingen: »Ja, der würde passen.«

»Ja gut, ich hatte es ja versprochen. Aber du musst gut auf ihn aufpassen.«

Selbstredend gab ich mir allergrößte Mühe, wie die Unschuld vom Lande zu wirken: »Natürlich, das versteht sich. Ist ja auch nicht der erste Ferrari, den ich fahre.«

So kam ich zu meinem ersten Ferrari 408 und hielt mich artig an die Geschwindigkeitsbegrenzung. Es ging an Salzburg vorbei nach Bayern, wo ich das Gefährt aus Modena dann schon mal auf 270 km/h hochjubelte, nachts um zwei bei leerer Autobahn schließlich bis auf 320 km/h – ein Vergnügen der kurzen Art, weil der Motor sich mit Fehlzündungen bockig zeigte.

»Scheiß Karre, hab ich's mir doch gleich gedacht!«, fluchte ich vor mich hin, ging vom Gas und kam viel zu gemütlich im Hotel Vier Jahreszeiten an.

Am nächsten Vormittag teilte ich meinem Gönner telefonisch mit, dass Ross und Reiter gut in München angekommen waren, was er zufrieden zur Kenntnis nahm.

»Was war denn das Schnellste, was du mit dem Wagen je gefahren bist?«, wollte ich wissen.

»Na ja, so 200.«

»Aha, na ich habe ihn mal ausgefahren. So einen Wagen muss man ausfahren.«

»Ja, du Martin, ich bin gerade beim Essen«, antwortete er kurz angebunden.

»Gut, okay, also 320 geht er, aber Fehlzündungen waren auch dabei«, streute ich noch ein. »Also bis dann, ciao Jürgen, servus.«

Sekunden später erhielt ich den aufgeregten Rückruf: »320, was! Fehlzündungen auch noch?!«

»Ich meine, es ist der Kat. Schätze, der ist heiß gelaufen. Soll ich ihn hier zur Ferrari-Werkstatt bringen?«, blieb ich weiterhin entspannt.

Aber das wollte Jürgen partout nicht. Nur zurückbringen sollte ich das gute Stück, langsam diesmal. Das versprach ich, ließ es mir aber nicht nehmen, den Nobelitaliener gesittet auf Münchens engen Straßen auszuführen. Verdammt, war die Karre breit.

In null Komma nichts hatte ich die nagelneuen Felgen mit Kratzern verziert.

Kaum zurück in der Garage in Oberösterreich, umrundete auch schon Jürgen mit Argusaugen seinen Ferrari. Sein »oh, oh!« ließ nicht lange auf sich warten.

Ein weiterer Freund aus der Gegend kam nicht lange danach ins Spiel: der Künstler und Unternehmer Chris Müller. Ein toller, strukturierter Typ, der unter anderem Gründer und Betreiber des „Theater im Hausruck" war und landesweit anerkannte Festivals organisierte. Im Jahr 2007 hatte er mir bereits angeboten, in der KZ-Groteske „Z!PF oder Die dunkle Seite des Mondes" die Rolle eines NS-Lagerkommandanten zu übernehmen. Im Mittelpunkt des Stückes nach wahren Begebenheiten hatten 1.500 Häftlinge des Konzentrationslagers Redl-Zipf gestanden, die 1934 von der SS gezwungen worden waren, auf einem nahen Brauereigelände an der Sauerstoff-Produktion sowie an lebensgefährlichen Tests rund um die V2-Rakete mitzuwirken. Im Vorfeld meiner Zusage hatte ich mich noch zu einem Gespräch mit dem angesehenen Regisseur Georg Schmiedleitner getroffen – bekannt unter anderem durch seine Arbeit am Burgtheater und Volkstheater in Wien oder am Nürnberger Staatstheater – um am Ende diesen völlig überzeichneten „Mephisto" in weißer SS-Paradeuniform und mit Mantel aus Opossum-Fell zu spielen, welcher der regionalen Bevölkerung sogar ein fliegendes Opernhaus versprach. Eine Rolle, so durchgeknallt, dass ich jede Minute genossen und ausgekostet habe. Dieses aufwendige Open-Air-Theaterspektakel haben wir bis ins Jahr 2008 aufgeführt.

Als ich nun also im Rahmen eines weiteren Festivals nach München musste und noch immer in Neukirchen an der Vöckla weilte, bot Chris an, mich mit seinem Wagen hinzufahren. Das passte gut, denn den „verschnupften" Jürgen mochte ich nach der jüngsten Ferrari-Aktion nicht ansprechen. Wir warfen uns also in Schale – wobei Chris in seinem schwarzen „Verlegenheitsanzug" mit weißem Hemd und Krawatte etwas von einem Bestatter oder Leibwächter hatte. Als Ex-Punk schien er einfach nicht gemacht zu sein für spießige Kleidung und legte offensichtlich auch keinen sonderlichen Wert darauf. Der Anlass unserer Fahrt ließ ihm aber nun einmal keine Wahl – mir ja auch nicht.

Wir erreichten das Hotel Bayerischer Hof, wo ich am liebsten abstieg, wenn ich in München war. Ich dirigierte meinen Fahrer direkt in die Tiefgarage, in der ein junger Mann die ankommenden Karren der Hotelgäste entgegennahm und einparkte. Allerdings übernahm das mein Begleiter kurzerhand selbst, um in aller Ruhe noch etwas zu sortieren und seine Tasche herauszuholen. Derweil wartete ich wie bestellt und nicht abgeholt an der Fahrzeugannahme, noch dazu alleine. Das Jungchen vom Hotel war plötzlich wie vom Erdboden verschwunden.

Dafür fuhr ein topaktueller Aston Martin mit Wiener Kennzeichen vor.

Ein arroganter Schnösel mit schön geföhnter, halblanger Frisur stieg aus und drückte mir im Vorbeigehen den Wagenschlüssel in die Hand, ohne mich überhaupt anzusehen: »Hier, kannst du dich um den kümmern?!«

»Alles klar«, grinste ich, »ich werde ihn auch gleich saugen, polieren und volltanken lassen.«

»Ja, ist schon recht«, fiel die Antwort des Lackaffen mit seinem Wiener Dialekt so herablassend wie deutlich aus.

»Den Namen brauche ich noch. Sie wollen doch wissen, auf welchem Stellplatz Ihre Schönheit nachher steht.«

Ich bekam den Namen. Das nannte sich dann ja wohl eine Erlaubnis. Auf der Autobahn Richtung Salzburg würde ich sicher eine geeignete Tankstelle finden. Als Chris mich kurz darauf fragend ansah, winkte ich mit dem Schlüssel, streichelte das Dach des handgearbeiteten Traums und lud ihn auf eine Spritztour ein. Aber meine Überredungskünste überzeugten nicht. Vielleicht österreichischer Lokalpatriotismus, aber vermutlich hatte der Ex-Punk keine anarchistischen Tendenzen mehr. Na gut, genoss ich die Fahrt halt allein.

Bis Rosenheim und noch ein Stück weiter bin ich gefahren. Ich wurde vom Aston Martin dazu verführt, verfiel ihm wie einer schönen Frau in La-Perla-Unterwäsche. Gesaugt und poliert habe ich den Luxus auf vier Rädern zwar nicht, dafür aber vollgetankt. Und ich habe noch mehr getan – eine Mozartkugel als Dankeschön auf den Beifahrersitz gelegt und als Denkzettel für die herablassende Arroganz eine abziehbare Folie mit Fake-Kratzer quer auf die Motorhaube geklebt.

Weil ich mit den Karl-May-Spielen in Bad Segeberg gerade so einen guten Lauf gehabt hatte, trug man mir die Rolle des schlitzohrigen Steuermanns Israel Hands an der Seite des Freibeuters Käpt'n Flint beim Piraten-Open-Air in Grevesmühlen an. Genauer, man suchte Ersatz für den erkrankten Kollegen Benjamin Kernen. Es passiert einem auch nicht alle Tage, ausgerechnet von jenem Schauspieler angerufen zu werden, für den man einspringen soll. Tatsächlich erging es mir aber genau so: »Hallo, ich bin Benjamin. Meine Eltern sind deine Nachbarn auf Mallorca. Ich spiele normalerweise den Israel Hands beim Piraten-Open-Air in Grevesmühlen. Hast du Zeit und Lust, kurzfristig meine Rolle zu übernehmen? Willst du Pirat werden?«

Wieder eine schnelle Gelegenheit dachte ich so bei mir. »Klar will ich Pirat werden. Eigentlich bin ich schon längst Pirat.«

Die restlichen Absprachen wurden mit der heißen Nadel gestrickt, denn Vorbereitungen und Proben liefen bereits auf Hochtouren. Schnell einigte man sich auf zehn Vorstellungen inklusive Premiere. Die Premiere am 24. Juli vor über 1.200 Zuschauern wurde ein Erfolg.

Nach zwei Stunden Freilufttheater, in denen ich mich so richtig ausgetobt hatte, brachte der Produktionsleiter Matthias Sievert meinen Einstand so auf den Punkt: ‚Das war brillant. Er hat die Rolle fantastisch gespielt, denn wir müssen berücksichtigen, dass es nur einen Tag zum Proben gab.'

„Die Piraten vor Cartagena", inszeniert nahe der Ostsee in Mecklenburg-Vorpommern, und ich durfte gestiefelt, mit schwarzem Mantel und Kopftuch vor einer Wahnsinns-Theaterkulisse Jugendfantasien ausleben, dazu noch mit französischen Sätzen und Schwäbisch um mich werfen. Keine Ahnung, wer mehr Spaß hatte, das zahlende Publikum oder der bezahlte Semmelrogge. Eine der folgenden Aufführungen konnte ich wegen Dreharbeiten allerdings nicht rechtzeitig erreichen. Parallel drehte ich für „SOKO Kitzbühel" die Folge „Auf Liebe und Tod", in der ich den vorbestraften Chauffeur eines Escort-Service verkörperte. Bei der verspäteten Fahrt zurück nach Meck-Pomm gab mir der beschissene Urlaubsverkehr mitten in den Sommerferien den Rest. Es sollte der Zusammenarbeit mit Peter Venzmer keinen Abbruch tun.

Seit 2005 gab es das Piraten-Open-Air-Theater schon, gegründet von Peter Venzmer, der vermutlich selbst einen famosen Freibeuter abgegeben hätte, wäre er nur einige

Jahrhunderte früher geboren worden. Am liebsten flog er nach Key West, wie mir zu Ohren kam, um inmitten von originalem Karibik-Flair an neuen Stücken zu schreiben.

Als frisch ernannter Pirat sorgte ich selbstverständlich auch gleich für einen handfesten Skandal, befand zumindest die Presse, die unter anderem schrieb: ‚Hotelier schmeißt Semmelrogge raus'. – Was war passiert? In meinen Worten gesagt, eine anstrengende Premiere mit zusätzlichen Presseterminen lag hinter mir.

Am Morgen danach fand ich schon früh keinen Schlaf mehr. Mein Hotel war das beste Haus am Platz, traumhaft an der Spitze des Ostseebades Boltenhagen gelegen, also machte ich mich mit meinem Hund Buddy 1 zu einer Joggingrunde Richtung Strand auf.

Gegen sieben Uhr früh war niemand außer uns unterwegs, mit Ausnahme eines Typen, der mich beinahe mit seinem Golfwagen umgefahren hätte. Als Sahnehäubchen befahl der mir noch in Stasi-Befehlston, meinen – nun wirklich kleinen – Hund gefälligst an die Leine zu nehmen.

Ich war schon dabei, diesen impertinenten Vogel einfach stehenzulassen, der sich weder entschuldigt noch freundliche Worte gefunden hatte, da schrie der mir hinterher: »Zimmernummer her!«

»Fuck yourself!«, ließ ich ihn vollmundig wissen, während ich meinen Lauf wieder aufnahm.

»Der Name ist Semmelrogge, falls Sie sich beschweren wollen!«, rief ich noch.

Zurück im Hotel ließ sich meine Zimmertür nicht mehr öffnen. Darauf angesprochen, erklärte mir die sehr nette Hotelmanagerin, es hätte da wohl Ärger mit ihrem Chef gegeben.

»Was, das ist Ihr Chef?!« Ich wollte gar nicht glauben, dass ein Hoteldirektor seine Gäste dermaßen unverschämt provozierte.

»Ja, und Sie sollen zu ihm ‚fuck yourself' gesagt haben.«

Ihr tat es sehr leid, und ich hatte von jetzt auf gleich kein Hotelzimmer mehr. Was sollte ich machen – na erst mal einen letzten Saunagang im Hause dieses „Herrn". Für das Piraten-Open-Air hätte es gar keine bessere Werbung geben können. Bisher hatte man mit relativ unbekannten Schauspielern gearbeitet, mit mir war erstmals ein prominenter Name an Bord gekommen. Auch das zog nun immer weitere Kreise. Den Verlust des Hotelzimmers konnte ich gut verschmerzen, woanders fühlte ich mich genauso wohl.

Auch mein geliebter Hund Buddy 1, mein persönlicher Prinz von Mallorca, hatte seinen Anteil an der Premiere gehabt, genauer gesagt an der Promotion für dieselbe. Ein Bichon Fresé mit freundlichem Wesen, der jeden verzaubern konnte, auch ein RTL-Fernsehteam vor Ort.

Seine Rollen rückwärts und vorwärts waren einfach legendär und verzückten auch diesmal.

Nur wenige Tage nach der artistischen Darbietung wurde ihm der morgendliche Sprung zu mir aufs Bett zum Verhängnis. Das Hinterteil gab nach, und ein selbständiges Laufen und Stehen war ab da nicht mehr möglich. Es wurde eine Arthrose diagnostiziert. Ich war gerade zu Besuch bei meiner Tochter, und schweren Herzens erlösten wir unseren Buddy mit Hilfe des Arztes in einer Tierklinik von seinen Leiden, sandten ihn nach zwölf Jahren gemeinsamen Lebens in den Hundehimmel. Ursprünglich hatte Buddy ja Joanna gehört. Gemeinsam mit ihr hatten meine Frau Sonja und ich ihn 1999 in den USA gekauft. Jetzt blieb uns also nur unsere Hündin Crazy, die ein Jahr nach ihm den Weg zu uns gefunden hatte. Was soll ich sagen, Buddy blieb Buddy, er war ein kongenialer Partner gewesen. Aber ich war Profi und schob den Schmerz beiseite.

Bis Ende August gaben wir weitere Vorstellungen. Nachdem die Zusammenarbeit erfolgreich verlaufen war, wurde ich auch für die Spielzeiten 2011 bis 2013 engagiert. Allerdings durfte ich nunmehr in die Rolle des aristokratischen Gentleman-Piraten Sir Stede Bonnet schlüpfen.

Später ist mein Sohn Dustin als Steuermann Israel Hands eingestiegen und wirkt in dieser Rolle bis heute mit. Peter Venzmer hatte mich angesprochen, ob ich bei der

Kontaktaufnahme bezüglich einer Rollenbesetzung vermitteln könne.

Dazu hatte ich jedoch eine ganz klare Haltung: »Ich kann dir gerne die Nummer von meinem Sohn geben. Du kannst ihn selber anrufen, wenn du ihn willst. Mit mir hat das jetzt nichts zu tun. Ich finde es schön, falls er spielt und denke, das könnte was für ihn sein mit dem tollen Theater und der schönen Umgebung – Ostseebad Boltenhagen und so. Aber fragen musst du ihn alleine.«

Was hätte wohl Dustin davon gehalten, wenn sein „Alter" für ihn die Weichen gestellt hätte – sicherlich genauso wenig wie ich. Schließlich war er erwachsen, hatte selber schon genug auf die Beine gestellt. Zudem hätte das in die falsche Richtung geführt. Alleine schon diese gängige Reduzierung in Printmedien und anspruchslosen Fernsehformaten: ‚Sohn oder Tochter von Promi XYZ' – schrecklich, das war respektlos, weil es häufig die Eigenleistung ausblendete. Ich habe meinen Kindern immer wieder ans Herz gelegt, sich gegen solche Formulierungen zu verwahren, so gut es eben ging. Dazu gehörte nun mal auch, es aus eigener Kraft zu schaffen. Und sowohl Dustin als auch Joanna taten es und tun es noch immer auf beeindruckende Weise, was mich zu einem stolzen Vater macht. – Selbstverständlich erfolgte der direkte Anruf von Peter Venzmer, und alles nahm eine gute Entwicklung.

Nur der Vollständigkeit halber: Im Jahr 2012 war dann auch meine Tochter Joanna mit von der Partie, als Doña Anna-Dolores von Kastilien. Endlich ein Theater-Projekt, bei dem ich zur Abwechslung mal den Anfang gemacht hatte.

Zum Thema Piraterie hatte auch Bundespräsident Horst Köhler etwas zu sagen gehabt – direkt, ehrlich, vernünftig. Nur waren die ach so friedliebenden und rücksichtsvollen Meinungsmacher in Deutschland noch nicht für robuste Auslandseinsätze der Bundeswehr zu haben – nicht einmal zum Schutz deutscher Handelsschiffe gegen schwerbewaffnete Piraten auf wichtigen Handelsrouten. Nein, in entwürdigender Weise ging man lieber das Staatsoberhaupt an und nötigte ihn zum Amtsverzicht im Mai. Den Mann, der die engagierte Initiative „Partnerschaft für Afrika" ins Leben gerufen hatte und als ehemaliger Direktor des IWF die Kompetenz besaß, über den Tellerrand zu blicken. Anders als ein Heinrich Lübke mit seinem Kolonialherrenjargon ‚sehr geehrte Damen und Herren, liebe Neger' oder ein Franz Josef Strauß mit dem ins Lächerliche ziehenden Ausspruch ‚wir Schwarzen müssen zusammenhalten', stand ein Horst Köhler für den Dialog auf Augenhöhe.

Einerseits die Demontage eines verdienten Bundespräsidenten, andererseits eine kopflose Politikerkaste, die

Großprojekte wie „Stuttgart 21" gegen die Wand fuhr. In Stuttgart war der Umbau von einem oberirdischen Kopfbahnhof in einen unterirdischen Durchgangsbahnhof vorgesehen. Proteste und Großdemos waren die Folge, was im September in bürgerkriegsähnliche Zustände mit massivem Polizeieinsatz mündete – der sogenannte „schwarze Donnerstag".

Halbgare Beschlüsse, reflexartige Einwände und Beschwerden, eine Verwaltungstretmühle und Politiker, die sich mitsamt ihren Sonderwünschen für die besseren Ingenieure und Architekten hielten. Massiv Steuergelder verbrannten sie dabei auch noch. Mit seinen Großbauprojekten machte sich Deutschland zunehmend lächerlich in der Welt. Und was waren die Konsequenzen: Kriminelle wurden weiterhin eingesperrt und Politiker wiedergewählt. Vermutlich nimmt Vater Staat deshalb nie die Hand aus den Taschen seiner Steuerzahler, wenn sie erst einmal darin verschwunden ist, siehe den Soli zum Aufbau Ost oder die Sektsteuer – letztere eigentlich nur zur Finanzierung der kaiserlichen Kriegsflotte und des Kaiser-Wilhelm-Kanals zu Ur-Omas Zeiten ins Leben gerufen. Tja, die ignorante Inkompetenz deutscher Volksvertreter will eben fortwährend finanziert sein.

Zu Lebzeiten hat der Kult-Schauspieler, Maler und Fotograf Dennis Hopper einmal sinngemäß gesagt: ‚Wir behandeln unsere Erde wie eine billige Hure, und jeder meint, er kann drüberrutschen.' – Da ist er neben Peter Fonda im wegweisenden Roadmovie „Easy Rider" doch lieber auf Bikes beschaulich dem Sonnenuntergang entgegengefahren, um die verbliebene Freiheit des Individuums voll auszukosten. Am 29. Mai nun war der Tag, welcher ihm ewige Freiheit bescheren sollte, sein Todestag. Für mich war es der Abgang eines Seelenverwandten, denn er hatte Freiheit gelebt, hatte über die Stränge geschlagen, sich verwirklicht – auf der ganzen Linie. Auch ich scheiße seit jeher auf Konventionen, wenn ich meine Freiheitsrechte als Mensch und Individuum in Gefahr sehe, will nicht bevormundet, indoktriniert, gleichgeschaltet werden. Genormt wie eine Schraube, und wehe, man lässt sich nicht eindrehen. Ohne mich! Künstler wie wir unterliegen wohl auch deshalb dem unbändigen Verlangen, die Grenzen ihrer Schauspielkunst auszutesten, Neues zu wagen, sich selbst und andere zu überraschen.

Auf den Tag vier Monate später verließ auch Tony Curtis das bunte Treiben des irdischen Lebens. Ob die sich wohl vorher abgesprochen hatten? Ich hätte nicht meine Hand dafür ins Feuer gelegt, dass es nicht so war. Na, jedenfalls hatte ich im Jahr 1989 einige Wochen lang im World Gym von Arnold Schwarzenegger trainiert, an der Main Road von Venice Beach. Dort waren mir Leute wie Ralf Möller oder Micky Rourke über den Weg gelaufen und eben auch der in die Jahre gekommene Tony Curtis. Der war ganz sportlich mit einem zweitürigen Doppelturbo Mitsubishi 3000 GT in Rot vorgefahren. Es musste einer der ersten Wagen dieser Baureihe gewesen sein. Sechs Zylinder Mittelmotor, ein revolutionärer Flitzer. Curtis selbst hatte nicht spektakulär und glamourös gewirkt, der war ganz auf sich und seine Übungen konzentriert. Mit Micky Rourke war ich dafür nett ins Gespräch gekommen, weil er mich spontan angesprochen hatte. Was fährst du? Was machst du so? Ein sehr höflicher und zugänglicher Typ. Mit dem Ausspruch »Bless you« hatte er sich am Ende verabschiedet.

Das Piraten-Open-Air lag ab September hinter mir, und damit brach der Verlust meines Hundes Buddy wieder voll durch. Ich war erschöpft und saß bis Oktober antriebslos zuhause herum. Irgendetwas musste unbedingt geschehen, befand auch Sonja, die meine Verzweiflung nicht mehr mitansehen konnte: »Komm, wir besorgen dir jetzt einen Hund!«

Ein neuer Hund?

Kaufen wollte ich auf keinen Fall einen, höchstens aus dem Tierheim würde ich einen holen. Aber meinen Buddy ersetzen? Es ging schließlich nicht um einen Satz neuer Autoreifen. Einen Versuch war es allemal wert, besser als in Depressionen zu versinken.

Einer der vielen Insassen des Tierheims schien mir in Aussehen und Wesen zu entsprechen, und so beschäftigte ich mich eingehender mit ihm. Dann stand die Futterausgabe an, und ab da war ich Luft für meinen Favoriten. Ob das wirklich der richtige Vierbeiner für mich sein konnte? Ich bemerkte einen Hund, der sich noch in einem Käfig des Auffangbereiches befand, also wohl noch nicht in die Gruppe integriert war. Alle anderen ließen sich vom Futter ablenken, er nicht. Dieser Bursche behielt seinen Blick auf mich gerichtet. Ja, damit war es beschlossene Sache. Dieser nette Kerl würde der neue Buddy werden, Buddy 2. Keine Ahnung, was für eine Rasse er vorstellen sollte oder besser, welche Rassen er in sich vereinte. Recht klein war er, grau-braun-weiß und ein Rüde war er, sah aufgeweckt aus – und er hatte mich erwählt, das stand außer Frage. Wie sich herausstellte, handelte es sich um einen typisch spanischen Bodeguero-Terrier-Mix. Warum nicht, Rassenmischmasch bei Hunden war oft auch der Intelligenz zuträglich, hatte ich irgendwo mal gehört oder gelesen.

Wäre doch mal interessant zu erfahren, was Buddy 2 bei unserer ersten Begegnung über Sonja und mich gedacht hat. Überhaupt hätte ich zu gerne aus erster Hand erfahren, wie sein noch junges Leben davor verlaufen ist. Aber wer sagt eigentlich, dass das nicht möglich ist – fragen wir ihn doch …

Noch immer das Jahr 2010 oder: Ein Buddy stellt sich vor

Hola! Ich möchte mich kurz vorstellen: Buddy, einfach nur Buddy. Man hat mir das Wort erteilt, was ich hiermit dankend annehme.

Ich bin ein waschechter Insulaner, weil ich nämlich auf der wunderschönen Insel Mallorca geboren worden bin, was schon eine Weile her ist. Schön ist es für mich trotzdem nicht immer gelaufen, auf dieser Insel, das kann ich euch bellen. Auch als Einheimischer habe ich eine Weile gebraucht, bis ich kapiert habe, wie das unter Menschen so läuft.

An meine frühe Zeit als Welpe kann ich mich kaum noch erinnern. Meine leiblichen Eltern haben mich diesen Zweibeinern überlassen, die ich eine Weile für meine neuen Eltern hielt. Sie nannten mich „Raus". Zunächst glaubte ich, das sei mein Name, denn sie sprachen nicht viel mit mir. Das einzige, was ich zu hören bekam, war ‚Raus!'. Später verstand ich dann, dass es nur die Aufforderung war, aus ihrem Blickfeld zu verschwinden. Es fiel mir nicht leicht, sie zu verstehen. Ihre Sprache war nicht meine Sprache. Aber sie gaben mir etwas von ihrem Futter ab. Nicht genug, um satt zu werden, aber es reichte zum Überleben.

Was wollten die von mir? Warum hatten die mich meiner Familie weggenommen? Mochten sie mich, verstanden sie mich überhaupt? Warum behandelten sie mich so von oben herab und bereiteten mir körperliche Schmerzen? Viele Fragen aber keine Antworten. Ich wurde älter und wollte nur noch weg. Mein eigenes Leben führen, nicht mehr geschlagen werden, mir mein eigenes Futter suchen und … natürlich eine nette Hundedame kennenlernen – das wollte ich.

Eines Tages, als der männliche Zweibeiner wieder einmal ‚Raus!' rief, nahm ich ihn ganz genau beim Wort. Ich verfüge über gewisse Talente, und das Springen über hohe Zäune und Mauern beherrschte ich schon damals. Ein Anlauf – schon überwand ich das Hindernis und raste davon. Zu dumm nur, dass er mich verfolgte und zu packen bekam. In seinem eckigen lauten Ding fuhr er mit mir auf ein einsames Gehöft. In einen Sack stopfte er mich und band ihn zu. Dann hörte ich ihn wegfahren. Ich vermisste weder ihn noch sein „Coche", wie er dieses übel riechende, schnelle Ding auf vier runden Beinen nannte.

Viele Stunden muss ich alleine in der Dunkelheit zugebracht haben, bevor mich jemand wegtrug. Nach einer weiteren Ewigkeit erlöste mich ein weiblicher

Zweibeiner – endlich. Ich kannte sie nicht, aber sie roch gut und gab mir Futter, gutes Futter, wie ich es nie zuvor bekommen hatte. Aber ich traute Zweibeinern nicht mehr. Vielleicht würde sie mir das Futter wieder wegnehmen oder einen der vielen wütend bellenden Vierbeiner dort auf mich loslassen. Aber meine Sorge war diesmal ganz unbegründet. Die leckeren, mundgerechten Fleischklöße waren nur für mich.

So konnten die großen Zweibeiner also auch sein. Und sie redete mit mir. Sie schien es sogar toll zu finden, dass ich alles gierig fraß, ohne ihr etwas übrigzulassen. Es musste das Hundeparadies sein, oder nicht? Sie nannte mich ‚Komm' und führte mich in einen kleinen Raum für mich allein. Da war ein Zaun rundherum, sogar über mir. Okay, es war dort etwas kühl und roch auch nicht wirklich gut, aber dieser Zweibeiner tat mir nicht weh, obwohl sie mir ihre Zähne zeigte. Neben mir wohnten andere Hunde, die mir auch ihre Zähne zeigten, aber die bellten dabei laut und wütend.

Ich lernte schnell, dass die großen Zweibeiner sich „Menschen" nannten und dass die weiblichen Menschen „Frauen" genannt wurden. Vierbeiner wie meine Nachbarn und ich hießen in der Menschensprache „Hund". Nein, nicht ganz, es gab Ausnahmen. Eine davon saß auf dem Dach meiner Behausung und begrüßte mich mit einem freundlichen ‚Miau'. So sahen „Katzen" aus. Die vielen neuen Erfahrungen machten mich müde, und zum ersten Mal in meinem Leben schlief ich satt ein.

Am nächsten Morgen kam die Frau zurück. Wegen des vielen Futters war mir in der Nacht ein Malheur passiert. Wie ein Häufchen Elend saß ich neben meinem gemachten Häufchen und erwartete Schläge und Geschrei. Sie rief mich zu sich heraus, ja, doch ihre Stimme blieb ruhig, und die Hand streichelte mich sanft. Ich bellte sie nicht an, und sie stellte mir einen Teller mit leckeren kleinen Keksen hin. Aber nicht nur mir, auch die anderen Hunde bekamen Kekse, egal ob sie bellten oder nicht, irgendwo hingemacht hatten oder sich ängstlich wegduckten. Ich musste zwar wieder in meine Behausung zurück, leider, beschloss aber trotzdem, diesem Menschen zu vertrauen.

Am Nachmittag kamen andere Menschen, die von Behausung zu Behausung gingen – von den Menschen „Zwinger" genannt – und uns ihre kleinen weißen Zähne zeigten. Um mich herum kläffte und bellte es wie wild. Wirklich dämlich meine Nachbarn, die hatten nichts kapiert. Ich schon. Menschen zeigten mir ihre Zähne, weil sie mich mochten. Konnte man doch riechen. Zwar verstand ich ihre Sprache noch nicht, aber auf meine Nase konnte ich mich verlassen. Das vor meinem Zwinger waren die „Guten", und ich war doch auch ein „Guter". Und weil ich ein aufmerksamer Beobachter war, hatte ich den Bogen auch schon raus, wusste, was man tun musste, um gestreichelt zu werden und eine Extraration Kekse zu ergattern: Ablecken. Am besten nicht gleich das Gesicht, das mögen sie nicht so sehr.

Die Hand ist besser, viel besser. Dann ein entwaffnender Hundeblick gepaart mit dem Schieflegen des Kopfes und einem zarten Fiepen. Auf keinen Fall bellen oder sie mit schmutzigen Pfoten anspringen. Es sei denn, die Menschen klopfen aufmunternd an ihre Oberschenkel. Dann, und NUR dann wollen sie nämlich, dass du an ihnen hochspringst.

Schon seltsam, diese Menschen, die sich nicht einmal selbst verstehen. Ohne Instinkt sind sie. Deshalb bist du ihren Launen auch hilflos ausgeliefert, außer, du bist ein kluger Hund und studierst ihr Verhalten gründlich. Dann kannst du nicht nur riechen, wie sie drauf sind, sondern es auch in ihren Gesichtern lesen. Wenn sie wütend und aufgeregt sind, dann überschlagen sich ihre Stimmen und werden höher und schrill. Dann ist es höchste Zeit, das Feld zu räumen. Sie sind oft nicht die Hellsten, diese Menschen, dafür haben es ihre Vorderpfoten in sich. Nicht zum Rennen geeignet, wie bei uns Vierbeinern, was sie langsam macht. Aber sie können damit greifen, Türen aufschließen, Gegenstände werfen und fangen und – was das Wichtigste ist – Futter sammeln und uns vorsetzen. Ein echter Vorteil. Das Streicheln ist auch nicht zu verachten. Manche von ihnen haben eine richtige

Schwäche für uns und mögen uns zuweilen sogar lieber als die eigenen Artgenossen.

Der nächste Nachmittag kam, dann noch einer und so weiter. Manchmal nahmen Besucher einen von uns Hunden mit.

Den, der am wenigsten bellte oder sofort kam, wenn sie ‚Komm‘ riefen. Ich wollte auch mitgenommen werden, „adoptieren“ nannten sie es. Also stand ich am Gitter meines Zwingers und versuchte meinen Charme spielen zu lassen. Aber der riesige Rottweiler links neben mir stahl mir mit seinem Gebell die ganze Show. Er war so laut und wirkte so abschreckend mit seinen feindselig entblößten Zähnen, dass niemand auch nur in meine Richtung schaute.

Wenn ich ehrlich bin, ich wollte unbedingt raus aus meiner engen Behausung, aber aus Überzeugung hätte ich mir bis zu diesem Zeitpunkt keinen der bisherigen Besucher als neues Rudel ausgesucht. Doch dann, eines Tages, kamen sie. Eine kurze Zeit vor meinem Gitter und ich konnte riechen, dass die Frau und der Mann nett waren. Sie hatten den Geruch eines glücklichen Hundemädchens an sich. Zu denen wollte ich, die sollten mich adoptieren. Zunächst sah auch alles gut aus.

Ich gab mein Bestes und betörte sie, nach allen Regeln der Kunst. Aber ein kleiner Kontrahent mit weißem Fell schien das Rennen zu machen, wurde herausgeholt und liebevoll gestreichelt.

Ohnmächtig musste ich dabei zusehen, bis die Frau vorbeikam, die mich aus dem Sack befreit hatte und seither jeden Tag mit gutem Futter versorgte. Auch jetzt hatte sie eine große Schüssel mit Futter dabei.

Da war das nette Menschenpaar abgemeldet. Der kleine Weiße rannte lieber hinter der Futterspur her. Das fanden die gar nicht gut.

Meine große Chance. Unsicher schauten sie sich um, und ihr Blick streifte mich. Da hob ich meine Pfote und zeigte die Zunge.

»Wir nehmen diesen da«, hörte ich den fremden Mann sagen.

»Ja, wer bist du denn?«, sprach die fremde Frau zu mir, und ich leckte ihr durchs Gitter die Hand. »Schau mal, der hat sich uns ausgesucht.«

Na klar, so und nicht anders war das damals. Und was das süße Hundemädchen anging, deren Duft ihnen anhaftete, da habe ich auch den richtigen Riecher gehabt. „Crazy" hieß sie und wurde meine erste große Liebe. Seither bin ich ein glücklicher Hund, mit einem Rudel bestehend aus Menschen, Hunden und Katzen. Wir alle verstehen uns prächtig.

Liebe kann man lernen. In diesem Sinne, vertragt euch. Euer Buddy.

Das Jahr 2011 oder:
Von miesen Kapitalisten
und unverbesserlichen
Abenteurern

Auch wenn ich in dieser Biografie nicht jeden einzelnen meiner Fernsehauftritte der letzten Jahre ausbreiten will, so verdient jener zu Beginn des Jahres 2011 unbedingt Erwähnung. Für die 300. Folge „Großstadtrevier" hatte mein Freund und Kollege Jan Vedder sich einen besonderen Plot inklusive verschiedener alter „Boot"-Kollegen wünschen dürfen. Herausgekommen ist ein Kurzwestern à la „Zwölf Uhr mittags" unter dem Titel „5 nach 12". Jan selbst gab den gesetzestreuen Sheriff Clint, Claude-Oliver Rudolph den rachsüchtigen Banditen Frank Miller, Martin May und ich dessen Brüder und Handlanger Ben und Colby. Die Produktionsfirma ließ sich nicht lumpen. Wir ritten auf echten Gäulen und drehten inmitten der Westernkulisse von Bad Segeberg. Das war schon eine geile Sache, wie Jan Vedder alias Dirk Mathies die Polizeiwache in St. Pauli gegen ein Kuhkaff namens Kiez City im Wilden Westen eintauschte. Aus dem Dienstwagen in grün-weiß mit Blaulicht und Martinshorn war ein wieherndes Pferd geworden.

Während der Dreharbeiten zu „Das Boot" saßen Jan Vedder und ich einmal wie die Ölsardinen in der Dose eng beieinander, schwitzten um die Wette und warteten auf das Go, als er plötzlich zu mir sagte: »Martin, wenn ich alle Weiber, die mir im Leben über den Weg gelaufen sind, vernascht hätte, wäre ich nicht zum Alkoholiker geworden.« – So war er, unser Jan, bis zum Schluss markige Worte auf den Lippen.

Traurig ist es ja schon irgendwie, dass einem Anekdoten zu Menschen oft erst wieder einfallen, wenn sie gestorben sind. Am 24. Januar war es an dem international gefeierten Filmproduzenten und Regisseur Bernd Eichinger, seine letzte Reise anzutreten, und prompt weiß ich eine nette Geschichte zu erzählen: Im Jahr zuvor hatten wir die Filmbiografie „Zeiten ändern sich" über den Rapper Bushido gedreht, mit einem Drehbuch von Eichinger. Darin spielte ich einen Tätowierer. In einer Szene wollte Bushido ein Tattoo, das den Hals hinauf verlaufen sollte.

Ich sagte so etwas wie: »In ein paar Jahren, wenn du vielleicht Geschäftsmann geworden bist, ist so ein Tattoo am Hals eventuell nicht unbedingt vorteilhaft.«

»Wenn ich sage, da das Tattoo ...!«, kam es ungehalten zurück.

»Ist in Ordnung«, musste ich daraufhin einlenken, »ich kann dir auch was auf den Schwanz tätowieren oder steht da schon „Mama" drauf?«

Und Bernd Eichinger, der auch Produzent des Films war, saß die ganze Zeit über wie ein Regisseur neben dem eigentlichen Regisseur Uli Edel – lauernd, so als wolle er keine Millisekunde des Geschehens verpassen. In einer Drehpause, als ich aus meinem Trailer hinaus und zur höher gelegenen Straße sah, war ich dann schon sehr verwundert: »Der Bernd ist ja gar nicht da. Ach, guckt mal da oben, der geht alleine die Straße lang. Ungewöhnlich, gell?«

»Ja, der Adler verlässt den Horst«, kam der ironische Kommentar von einem aus dem Filmteam.

Einmal hatte ich eigens meine Biografie mitgebracht. Wenn Eichinger das Leben eines Bushido verfilmte, sprach doch eigentlich nichts dagegen, sich auch meines Stoffes anzunehmen. Das hatte mindestens genauso viel Potenzial.

»Hier Bernd, ich möchte dir mein Buch schenken, so zur Inspiration«, hielt ich es schon freigiebig in Händen.

»Martin«, begann er fast feierlich, »ein wahrer Freund lässt sich kein Buch schenken, er kauft es sich. Du sollst ja damit Geld verdienen.«

»Gut gesagt, aber das kaufst du dir doch nie«, sprach ich meinen Gedanken dazu gewohnt offen aus.

Er sah mich eindringlich an: »Wenn ich sage, dass ich es kaufe, dann mache ich das auch.«

Ein leichtes Kopfschütteln konnte ich mir trotzdem nicht verkneifen: »Ja gut, schön.«

Es war der Tag der Premiere, und ich fand mich erst mal neben Abou-Chaker wieder, diesem mit Bushido wie auch immer verbandelten Clan-Chef. Gemeinsam wurden wir zum Ort des Geschehens gefahren. Tatsächlich lief mir dort auch Bernd Eichinger über den Weg.

»Und? Hast du mein Buch gekauft?«

»Und ich habe es ganz gelesen, Martin.«

Schade, zu einem weiteren Gespräch ist es nicht mehr gekommen.

Mir bleibt der schwache Trost, dass er wohl infolge seines starken Tabakkonsums verstorben ist und nicht etwa aufgrund der Nachwirkungen des Lesens meines Buches. – Ein letzter Scherz auf deine Kosten, Bernd.

Du wärst mir nicht böse, da bin ich sicher.

Surrealistisch und sarkastisch ging es ab April in den Hamburger Kammerspielen zu, wo ich in dem Theater-stück „Enron" den obersten Finanzjongleur Andrew Fastow in Diensten des Energieriesen Enron gab, basierend auf einer wahren Begebenheit.

»Es ist ein spannender, abstruser und nach wie vor aktueller Wirtschaftskrimi«, brachte ich es im Rahmen der Premiere auf den Punkt.

»Es geht um das Archaische des Menschen, der getrieben ist von Gier und Größenwahn.«

Der real existente texanische Energiekonzern „Enron", welcher so illustre Namen wie George W. Bush und Dick Cheney unterstützt und protegiert hatte, hatte gleichzeitig im ganz großen Stil an der Börse agiert. Künstlich war dort der Aktienwert nach oben getrieben worden, ohne dabei Werte zu schaffen. Man war dafür sogar zu einem Vorbild an Innovation und Erfolg hochgejubelt worden, bis das „Potemkinsche Dorf" 2001 zusammengebrochen ist. Am Ende standen Bilanzfälschung, Schuldenverschiebung in Schattenunternehmen und Gesamtschulden von über 30 Milliarden Dollar auf der Uhr. Bei lediglich drei Prozent Eigenkapital hatte man die Blase mit staatlicher Förderung und sonstigem Fremdkapital stetig wachsen lassen. Mehr als 20.000 Mitarbeiter hatten an Enron geglaubt, die meisten von ihnen haben am Ende Altersvorsorge und Ersparnisse verloren.

Mit Andrew Fastow verkörperte ich nun also keinen Schmalspurganoven, sondern einen durchtriebenen, gewissenlosen Spitzenmanager im feinen Anzug, einen kapitalistischen Drecksack.

Als Peitsche schwingender Dompteur domestizierte ich meine fleischfressenden Raptoren, bis sie auf wundersame Weise die Schulden der von mir verwalteten Firmen auffraßen.

Während einer Theaterprobe sollte ich meinem Schauspielkollegen Nicki von Tempelhoff – alias Kenneth Lay, CEO bei „Enron" – plausibel machen, dass Pornos und Prostituierte eine Ehe retten konnten. Ich war so in meiner Rolle, dass ich ihm dabei spontan an die Klöten fasste.

»Großartig, Martin, das behältst du jetzt bei«, entschied daraufhin der Regisseur. In jeder Vorstellung hatte der arme Nicki von Tempelhoff also das zweifelhafte Vergnügen. Wieder mal ein echter Semmelrogge.

Ich spielte diesen Fastow mit großer Genugtuung, das muss ich sagen. Typen wie der gehörten einfach unters Brennglas der Öffentlichkeit.

Mit schweren Erdbeben am 11. März bescherte uns die Natur eine Nuklearkatastrophe im japanischen Fukushima. Mehrere Reaktorblöcke wurden in Mitleidenschaft gezogen, in drei Fällen kam es zur Kernschmelze. Mit der Höchststufe sieben wurde ein „katastrophaler Unfall" ausgerufen.

Damit erhielt die Ablehnung gegen die zivile Nutzung der Kernenergie neue Nahrung. In Deutschland wurde konkret die sogenannte Energiewende vorangetrieben und bereits im Juni die Abschaltung aller Kernkraftwerke sofort oder in absehbarer Zukunft beschlossen. Für mich war klar, damit wurde die Deindustrialisierung Deutschlands eingeleitet.

Was mit Unruhen und dem Rücktritt des Staatspräsidenten Ben Ali im Januar begann und sich zum harmlos klingenden „Arabischen Frühling" ausweitete, beunruhigte mich.

Nordafrikanische Staatsoberhäupter auch in Ägypten und Libyen wurden mit Unterstützung oder zumindest wohlwollender Duldung der USA und anderer westlicher Staaten zum Rücktritt genötigt oder ermordet. Warlords versuchten das Machtvakuum zu füllen und stürzten ihre Länder in Chaos und blutigen Bürgerkrieg. Syrien und Irak wurden zum vorläufigen Höhepunkt des internationalen Machtpokers um Bodenschätze und politische Einflussnahme.

Damit bewies auch der schwarze US-Präsident Obama seinen Killerinstinkt. Neben dem zunehmenden Einsatz tödlicher Drohnen und ziviler Militärdienstleister in den Krisengebieten dieser Welt, glänzte er sogar mit der Ermordung Osama bin Ladens durch ein Navy-Seals-Kommando in Pakistan Anfang Mai. Wie ich das sehe, hätte Obama seinen Friedensnobelpreis auch gleich den Lokus herunterspülen können.

Dafür setzte der Deutsche Bundestag zum 01. Juli die Wehrpflicht aus. Meine Güte, was waren doch wenigstens wir Deutschen friedfertig. Ja gut, wir gehörten zu den vier führenden Exporteuren von brandgefährlichen Rüstungsgütern aller Art und mischten mit unseren Berufssoldaten zunehmend auch international mit, aber ich will nicht kleinlich sein.

Und schließlich hatte uns der SPD-Genosse Peter Struck als Verteidigungsminister schon Jahre zuvor ins Stammbuch geschrieben: ,*Die Sicherheit der Bundesrepublik Deutschland wird auch am Hindukusch verteidigt.*' Na dann …

Weshalb wurde Bundespräsident Horst Köhler noch gleich aus dem Amt vergrault? Na egal, ich wollte ja nicht kleinlich sein.

Man konnte aber leicht den Eindruck gewinnen, dass der Grad der ausgelösten Empörung von der Parteizugehörigkeit des Urhebers abhing. Nach dieser These wäre Verteidigungsminister Karl-Theodor zu Guttenberg im Februar wohl nicht so tief über die Plagiatsaffäre rund um seine Doktorarbeit gestürzt, hätte er nicht zum konservativen Lager gehört. Fest steht jedenfalls, ich hielt es für lächerlich, einen engagierten und versierten Verteidigungsminister zu Guttenberg wegen eines unwichtigen Doktortitels zu opfern.

Und die Aussetzung oder Abschaffung der Wehrpflicht, tja, so ein bisschen Disziplin konnte der jungen Generation doch nur guttun. Ich will mich da aber nicht zu weit aus dem Fenster lehnen – als Kriegsdienstverweigerer. Oder zählt der 2. Wachoffizier in einem deutschen Kinofilm auch?

Zwischen Juni und September hatte mich das Piraten-Open-Air-Theater in Grevesmühlen wieder, diesmal in „Die Hölle vor Maracaibo" und der Rolle des Edelpiraten Stede Bonnet. Zur Premiere wurde eine Kanone abgefeuert, und unter den 120 Spezialeffekten fanden sich so spektakuläre Neuheiten wie das dauerhafte Versinken eines Mannes im Sumpf oder der Ausbruch eines Vulkans. Wieder einmal schafften es die Macher, aus einem großen Spektakel ein noch größeres Spektakel zu machen.

Bis zum Herbst war außerdem unsere Hirtenhündin Crazy verstorben, und wir hatten einen ungarischen Pumi aus dem Tierheim unserer Freunde adoptiert. Wie war das gekommen? Nun, kurz zuvor war dieser völlig verwahrloste Streuner dort gelandet. Da ich vor Ort öfters Hunde fotografierte, um mit meinem Namen bei der Vermittlung behilflich zu sein, fiel er mir auf. Sonja und eine Tierpflegerin badeten ihn, und ich übernahm anschließend das Gassigehen, weil er mir leidtat und auch gefiel. Daraus wurde eine längere Jogging-Runde durch Felder, Wiesen und Wälder der Umgebung, anfangs noch mit Leine. Die nahm ich irgendwann ab. Was würde überwiegen, Freiheitsdrang oder die Aussicht nach menschlicher Liebe und Zuneigung? Der ultimative Test. Er kam von alleine zurück. Zu dem Zeitpunkt wussten wir schon, dass unsere Crazy bald sterben würde. Wir kommen dich bald holen, gab ich dem zukünftigen Familienmitglied ein

Versprechen im Stillen. Als Sonja und ich gingen, sprang er auf das Dach seiner Hundehütte im Freigelände, um uns lange hinterherzuschauen. Bestimmt verstand er die Welt nicht mehr. Es zerriss mir das Herz. Aber schon bald darauf war es soweit.

Im Tierheim wurde er mit den Worten verabschiedet: »Mit den Semmelrogges hast du einen Sechser mit Zusatzzahl gezogen.«

Teddy, wie wir ihn fortan nannten, war so liebenswert wie unser Buddy 2 und hatte in etwa die gleiche übersichtliche Größe.

Allerdings war er flauschiger, und seine Ohren hätten, mit denen eines Esels konkurrieren können. Genauso störrisch war er außerdem. Buddy und Teddy – ein tolles Gespann, das auf Anhieb prächtig harmonierte.

Bis dahin waren wir ganz anderes gewöhnt gewesen. Buddy 1 war ja wesentlich kleiner gewesen als unsere Crazy.

Sie hatte ihn zwar nach allen Regeln der Hundekunst gelockt, aber ohne passende Leiter war nun mal nichts zu machen gewesen. Buddy 2 hatte damit keine Sorgen gehabt. Kaum war Crazy läufig, wurde sie von ihm gedeckt – mit dem Ergebnis, dass wir ihr die Pille danach verordnet haben und ihm die Kastration. Nun denn, jetzt hatten wir zwei Rüden, vorsorglich auch der zweite kastriert.

Bald sollten unsere beiden Kastraten ihr erstes echtes Abenteuer als Weltenbummler erleben. – Seit 9/11 waren zehn Jahre vergangen, in denen Sonja und ich wehmütig an die USA gedacht hatten. Amerika fehlte uns.

Aber irgendwann war mein Dauervisum nicht mehr gültig gewesen, und über Jahre hinweg war jeder, der in die Vereinigten Staaten einreisen wollte, wie ein potenzieller Al-Kaida-Terrorist oder Sympathisant behandelt worden.

Aus dem Land meiner Sehnsucht war ein Kontroll- und Überwachungsstaat geworden, der Angst vor dem eigenen Schatten hatte. Außerdem hatten wir uns mittlerweile sehr gut auf Mallorca eingelebt. Der Traum von einem Leben in den USA war ad acta gelegt.

Dann ging das mit diesen Auswanderer-Doku-Soaps im deutschen Fernsehen los, und ein Hamburger Jung mit Schnauzer und Cowboyhut wanderte samt Frau und zwei Kindern nach Texas aus. Eine Ranch bauten sie sich dort auf, alles begleitet, dokumentiert und sicherlich mitfinanziert von einem privaten Fernsehsender. Plötzlich brannte es wieder in mir, das Fernweh, diese Sehnsucht nach Amerika. Hut ab vor meinem sympathischen hanseatischen Landsmann, der hatte seinen Traum verwirklicht. Und was der konnte, war bestimmt auch für mich nicht unmöglich. Natürlich würde ich keine Ferienranch in der texanischen Provinz aufziehen, wo begierige deutsche

Urlauber sich vor Fernsehkameras produzieren konnten. Nein, mein großer Traum waren Motorradtouren. Als Tour Guide den Biker-Touristen Wüsten, Canyons und die legendäre Route 66 vorführen, meinetwegen mit einem deutschen TV-Team im Gepäck, um meinen alternativen Lebenswandel zu finanzieren. Dazu wollte ich noch einen Harley-Shop eröffnen. Sonja träumte von einem kleinen Bed & Breakfast Motel, wo sie Künstler aller Art beherbergen wollte.

Von unseren Träumen und Fantasien beflügelt wurde ein Konzept erstellt und dieses dann einschlägigen Sendern und Produzenten vorgelegt.

Der ersehnte Anruf kam: »Martin, wir möchten euren Umzug nach Amerika drehen – erst mal im Rahmen eines „Goodbye Deutschland"-Promi-Specials. Es muss allerdings schon in vier Tagen losgehen«, ließ mich der Produzent wissen.

»Oh yes!«, reagierte ich verzückt. Kurz zuvor hatten wir vorsorglich unser Haus zur Miete gekündigt, aus meiner Sicht konnte es also losgehen.

»Oh no!«, rief Sonja ganz und gar nicht verzückt aus dem Hintergrund. »Das schaffen wir nie! Wie sollen wir denn in vier Tagen den ganzen Umzug wuppen!«

Typisch Frau, immer das Haar in der Suppe suchen, anstatt das große Ganze zu erkennen. Aber so ganz Unrecht hatte sie auch wieder nicht, musste ich im Stillen einräumen.

»Na prima«, grätschte der Produzent dazwischen, »den Auszug aus eurem Haus auf Mallorca drehen wir dann gleich mit.«

Sonja wehrte sich verzweifelt und schlug vor, die Auszugsarie später in Kalifornien nachzustellen. Vermutlich malte sie sich schon lebhaft aus, wie die Fernsehzuschauer sich bei Bier und Chips über das spanische Umzugschaos kaputtlachen würden.

»Auf keinen Fall!«, hielt der Fernsehmacher eisern dagegen, der wohl dieselbe Sensation witterte. »Das soll ja alles echt sein! Und Ihr wollt doch selber auch kein gestelltes Zeug nach Skript, sondern das echte Leben zeigen! Außerdem brauchen wir ja eine Fallhöhe!«, schoss er auch gleich mit Argumenten aus der Hüfte.

Überredet. Amerika oder nicht Amerika, das war hier keine Frage. Jetzt hieß es in Lichtgeschwindigkeit von Hamburg nach Mallorca zurückzufliegen, einen Lagerraum für den Großteil unserer Habseligkeiten anzumieten und das Haus aufzulösen.

»Wer will so ein Chaos eigentlich sehen?«, fragte Sonja während des Leerräumens entnervt in die Runde. Eine Antwort darauf erübrigte sich.

Mehr als 150 Schuhe waren zu verstauen. Na, na, keine Klischees! Wir sprechen von meinen Tretern. Ich war der mit dem Schuh-Tick. Sneakers, Boots und Cowboystiefel sammelte ich seit den 70er Jahren. Viele davon hatte ich in Filmen getragen und anschließend mitnehmen dürfen.

Ein seltenes Paar weißer Herrenslipper mit Troddeln im College-Style der späten 70er hielt Sonja gerade hoch: »Die „Schühchen" kann ich doch wohl wegwerfen, oder?«, war ihre Frage zweifellos rhetorischer Natur, denn die Schmuckstücke verschwanden bereits in einem schwarzen Müllsack.

»Nein, wieso?!«, empörte ich mich.

»Da kannste dich auch gleich kastrieren lassen!«, hielt sie dagegen.

Unbeeindruckt fischte ich meine Lieblinge wieder heraus und bei der Gelegenheit auch gleich ein gelb-grünes Nylon-Sportshirt – ein Geschenk im Rahmen eines gelaufenen Halbmarathons. »Und das kommt auch mit!«

»Auf keinen Fall!«, schrie meine Frau mich an. »Das kriegen wir nie durch den Zoll, das ist Sondermüll!«

So ging das die ganze Zeit, stundenlang. Ein Familienkrach in echt, ganz ohne Skript. Genau, was die TV-Heinis wollten, Hauptsache unter südlicher Sonne und Palmen. Schließlich waren der gemietete Lieferwagen und unser Auto bis zur äußersten Belastungsgrenze vollgeladen. Einen Teil unserer Möbel und des Hausrats hatten wir verschenkt, das Übrige verblieb im Container eines Lagerhauses.

Adios, Mallorca!

Von wegen, Buddy und Teddy mussten am letzten Abend vor Abreise noch an ihre Hundetaschen gewöhnt werden, denn sie würden während des Fluges nach Los Angeles an unserer Seite bleiben. Über fünfzehn Stunden und vollgestopft mit Beruhigungsmitteln im Frachtraum, das kam für uns nicht in Frage. Nur hatten wir nicht bedacht, dass die beiden sich wie Ex-Verstoßene und Ex-Streuner verhalten würden, argwöhnisch gegenüber dem Eingesperrtsein. Zunächst noch in unseren Armen blieben sie entspannt. Erst die Vorderbeine in die Hundetasche – sie blieben weiterhin ruhig, wenn auch wachsam. Jetzt die Hinterbeine – die wendigen Burschen entwanden sich unserem Griff und sprangen hinaus. Sie waren alarmiert, was jeden erneuten Versuch zu einer noch größeren Herausforderung machte. Das konnte nichts werden. Was nun?

»Frolics!«, hatte Sonja die zündende Idee. »Wir brauchen Frolics, damit geht alles.«

Kurz vor Ladenschluss fanden wir uns in der Zoohandlung des Nachbarortes wieder, wo wir die letzte Packung des berühmt-berüchtigten Trockenhundefutters sichern konnten – eine XXL Familienpackung. Zu Hause legten wir eine Spur aus Leckerlis bis in die vorgesehenen Taschen. Einige Anläufe, und wir konnten Buddy und Teddy frei von Panik durchs Zimmer tragen. Angesichts von Check-In-Trubel und Kamerateam am Flughafen von

Palma, sprangen die beiden sogar von alleine in ihre mobilen Unterkünfte. Wer konnte es ihnen verdenken? Auch während der fünfzehn Stunden Flug zeigten sie sich von ihrer besten Seite. Streicheleinheiten, Dosenmilch aus Portionskapseln, zwei Salamis vom Bordpersonal – unsere vierbeinigen Begleiter ließen sich gut dafür bezahlen.

Es war ein sonnig warmer Nachmittag, als wir in Los Angeles landeten. Das Prozedere für Zoll und Einreise war eine Tortur.

Fingerabdrücke wurden genommen, jeder Passagier wieder und wieder eingehend beäugt, der Pass peinlichst genau geprüft. Mich musterten die Uniformträger so skeptisch, schauten so oft mich an und dann wieder auf den Bildschirm, dass ich schon anfing, unbegründete Schuldgefühle zu entwickeln. Während das Fernsehteam längst den Ausgang ansteuerte, mussten Sonja und ich im Wartebereich des Zolls Platz nehmen.

Ihre Unsicherheit stand ihr ins Gesicht geschrieben. Ich musterte die übrigen Wartenden, die mehr oder weniger finster dreinblickten und aussahen, wie man sich illegale Einwanderer und Schmuggler eben so vorstellte. Unsere Hunde steckten bereits seit achtzehn Stunden ununterbrochen in ihren Taschen und wimmerten kläglich. Fieberhaft überlegten wir, was wohl das Misstrauen der Zollbeamten geweckt haben konnte und kamen zu dem Schluss: Willkür oder unbezahlte alte Strafzettel.

»Vielleicht haben sie dich ja gegoogelt!«, zischte Sonja entnervt.

»Ja und wenn?«, blieb ich nach außen hin ruhig. Dafür reagierte ich schnippisch: »Vielleicht ist es ja mein gelbgrünes Sportshirt ...«

»Kommen Sie bitte mit!«, unterbrach eine resolute Beamtin.

Im Nebenraum stand auf einem Gepäckband Sonjas Reisetasche. »Was haben Sie da drin?«

»Nichts Besonderes«, antwortete meine Frau wahrheitsgemäß. Daraufhin musste sie die Tasche öffnen und ausräumen. Unter dem strengen Blick der Zollbeamtin kamen Unterwäsche, Socken, T-Shirts und Hosen zum Vorschein – schließlich auch die Großpackung Frolics.

»What is this!«, kommentierte die andere Frau scharf.

»Frolics«, sagte ich und entspannte mich augenblicklich. Darin lag also das ganze Problem.

»Fro ... what?«

Wir sahen sie entgeistert an. Eigentlich waren wir davon ausgegangen, dass diese „Miniatur-Donuts" für Hunde in den Staaten so bekannt waren wie Kellog's Cornflakes, Coca-Cola oder Volkswagen. So konnte man sich irren.

Das Verwerfliche war, die Dinger enthielten Fleisch, das wiederum nicht eingeführt werden durfte – in welcher

Form auch immer. Die Hunde damit noch an Ort und Stelle zu füttern, das wurde großherzig gestattet. Aber kein Krümelchen davon durfte den Zollbereich verlassen, so die dienstliche Anordnung. Also verfütterten wir noch einige Exemplare des Corpus Delicti und ließen die XXL-Packung Frolics zurück.

Oh, Bin Laden, was hast du uns nur angetan!

Völlig erschöpft passierten wir den Ausgang des Flughafens, und die kalifornische Oktobersonne wärmte am Abend unsere noch immer bleichen Gesichter.

Endlich durften Buddy und Teddy aus ihren Taschen, um in der nächstgelegenen Grünanlage die erste pazifische Palme ihres Lebens zu markieren.

Aus alten Zeiten verfügte ich noch immer über ein Bankkonto in den Staaten – keine Ahnung, ob darauf noch ein paar Kröten ihr Dasein fristeten – und sogar eine gültige Social Security Nummer gab es noch, was vergleichbar mit einer Sozialversicherungsnummer in Deutschland ist. Für den Fall, dass ich tatsächlich einen Harley-Shop eröffnen würde, hatte der Fernsehproduzent auch schon in die Wege geleitet, dass Harley-Davidson mir Maschinen stellen würde. Logisch, dass das verknüpft wäre mit weiteren Teilen der Doku-Soap „Goodbye Deutschland". Zum möglichen Standort hatte ich tatsächlich schon eine genaue Vorstellung. „Ventura" sollte es werden, eine beschauliche Küstenstadt, siebzig

Meilen oberhalb von Los Angeles am Pacific Coast Highway 1 gelegen, auf halbem Weg Richtung prominentes „Santa Barbara". Als Filmkulisse für Hollywood-Produktionen wie „Chinatown" mit Jack Nicholson oder „Aviator" mit Leonardo DiCaprio hatte sie schon gedient. Bei früheren USA-Aufenthalten hatte ich Ventura zu meiner Heimatstadt erklärt. Mein Freund Horst lebte dort, von mir liebevoll der „alte Scheren-schleifer" genannt.

Zum Rundum-Doku-Paket für den Privatsender VOX gehörten noch vier Tage, in denen gefilmt werden sollte, wie Sonja und ich unser neues Leben in der Ferne angingen.

Im vertrauten Ventura angekommen, checkten wir im unspektakulären Motel 6 am Harbor Boulevard ein, wo unsere Hunde willkommen waren und der schöne Ventura Beach nicht viel weiter als ein Steinwurf entfernt lag. In den nächsten Tagen fand ich sogar das geeignete Objekt für einen Harley-Shop und im piekfeinen Malibu nahe Los Angeles ein nettes Haus zum Wohnen, um das TV-Special möglichst interessant zu gestalten. In beiden Fällen blieb es bei der Begehung. Das Erforderliche mit und zu den Semmelrogges war im Kasten, und wir verab-schiedeten das Goodbye-Deutschland-Team. Mehr gab deren Budget nicht her. Pech für sie, denn das wirklich Geile kam erst noch.

Meine zweite US-Heimatstadt Miami war ein absolutes Muss. Dort lebte schließlich mein Freund Chris de Pietro. Also mieteten wir einen fetten Mustang und starteten Richtung Atlantikküste. Zur Auswahl standen die südliche Ost-West-Route über die Interstate 10 durch Phoenix oder die weiter nördlich verlaufende Interstate 40.

Ich plädierte für die nördliche Variante, ohne zu ahnen, welche klimatischen Ausmaße die Entscheidung mit sich bringen würde.

Für mich war nur entscheidend, dass wir durch das kalifornische Städtchen Barstow fuhren. Dort nämlich gab es eine Vielzahl von Outlets, sogar das größte Outlet-Center der Welt, wo hochwertige Markenprodukte zu verlockend niedrigen Preisen angeboten wurden.

Spannend auch, wie Hunter S. Thompson in seinem Buch „Angst und Schrecken in Las Vegas" die Fahrt von Los Angeles nach Las Vegas beschrieb: ‚*Wir waren kurz vor Barstow, als die Drogen zu wirken begannen …*'

So gesehen folgten wir also auch den Spuren des Schriftstellers und Journalisten Hunter S. Thompson – ohne vergleichbaren Drogenrausch allerdings. Nach dem Einkaufsstopp ging es weiter nach Arizona, wo uns ein Bergplateau mit heftigem Schneesturm begrüßte. Auf 2.000 Metern Höhe, mit Berggipfeln von über 3.800 Metern in nächster Nachbarschaft und nur zwei Autostunden vom Grand Canyon entfernt, fuhren wir also von der Schnellstraße ab und in den nächstgelegenen Ort Flagstaff. Es war bereits später Abend. In einem gemütlichen Budget Inn fanden wir Unterschlupf für die Nacht. Der nächste Tag begann mit einem Schock. Unter den Unmengen von Schnee war unser Mustang kaum noch zu erkennen.

»Guck mal, da drüben ist ein Harley-Shop«, informierte mich Sonja, während ich frustriert Schnee schippte. Selbst ein Verkaufsgeschäft mit Harley-Bikes am Arsch der Welt interessierte mich da nicht die Bohne. Ich nahm es nur beiläufig zur Kenntnis. Die restliche Wegstrecke bis Miami verlief reibungslos. Bis die Proben zum Theaterstück „Der Rosenkrieg" in Bad Godesberg beginnen sollten, war noch viel Zeit, die wir ausgiebig genießen wollten.

Am Ocean Drive hatte sich das „News Café" einen Namen gemacht, vor allem wegen der verfügbaren Tagespresse aus verschiedenen Ländern wie Deutschland. Als Sonja mir den Aufmacher in der „Bild" zeigte, dachte ich, mich tritt ein Pferd. Laut dieses Artikels waren wir aktuell wegen enormer Schulden und Steuerbetrugs auf der Flucht sowie zur Fahndung ausgeschrieben. Jetzt sei ich in Miami wieder aufgetaucht. Passend dazu ein Schnappschuss von mir irgendwo in der Stadt. Kaum zu glauben, diese Ansammlung dreister Lügen. Jemand, der das alles auf dem Kerbholz hatte, würde auch gerade freiwillig mit einem Fernsehteam ins Ausland reisen, das zudem noch eine Auswanderer-Doku über ihn dreht. Ehrlich, dieser

Artikel war das Paradebeispiel dafür, wie Sensationsgier in einer Zeitungsredaktion auch den letzten Funken Verstand auspusten konnte. Na, die sollten sich ruhig schon mal warm anziehen.

Kaum zurück in Deutschland leitete ich eine Klage in die Wege. Es zog sich hin, doch am Ende musste der Zeitungsverlag zahlen. Auch mein Humor kennt Grenzen.

Das Jahr 2012 oder:
Von deutschen Bühnen
auf die Route 66 und zurück

Die ersten drei Monate standen ganz im Zeichen von „Der Rosenkrieg", den meisten sicherlich bekannt durch die Verfilmung mit Michael Douglas und Kathleen Turner aus dem Jahr 1989. Gemeinsam mit der geschätzten Kollegin Susann Fabiero gaben wir unseren Einstand als Ehepaar Rose Anfang Januar in Neuwied. Der immer verbitterter und skrupelloser geführte Scheidungskrieg, nach wie vor als bitterböse Komödie inszeniert, ließ das Premierenpublikum anschließend minutenlang applaudieren und uns mit Bravo-Rufen verabschieden. Nach Neuwied ging es weiter nach Bad Godesberg und auf andere deutsche Bühnen. Insgesamt achtzig ausverkaufte Vorstellungen standen auf dem Tournee-Programm, soweit ich mich erinnere.

Susann Fabiero, die über einen wunderbaren Humor verfügt, nannte ich nur liebevoll „die Schickse". Das ging auf das Theaterstück „Das Geld anderer Leute" zurück, in dem wir 2009 erstmals gemeinsam aufgetreten waren. Neben mir als Börsenmakler hatte sie sich darin als

Anwältin mit langen Beinen und kurzem Businesskostüm präsentiert und war zudem als Schickse bezeichnet worden. Und ich „Schlawiner" habe eben den Hang, mir solche Dinge besonders gut zu merken.

Zu den klassischen Charakteren im „Rosenkrieg" gehören auch zwei tierische Vertreter: die Katze Mercedes, welche der Ehefrau Barbara Rose gehört, und der Hund Benny, welcher zum Ehemann Oliver Rose gehört. Da mein eigener Hund Buddy ohnehin die ganze Tournee über bei mir sein würde und er wie schon erwähnt ein recht intelligenter Vierbeiner ist, warum ihn nicht ins Stück einbauen?! Wer sich anfangs nicht so begeistert zeigte, war meine Bühnenpartnerin Susann: »Hast du es jetzt schon nötig, einen Hund mit auf die Bühne zu nehmen?«

Ich konterte: »Du kannst ja auch eine echte Katze nehmen«, worauf sie mich entgeistert ansah. »Dein ausgestopftes Exemplar spottet ja wirklich jeder Beschreibung«, nuschelte ich mir noch selbst einen in den Bart. Tatsächlich musste die Ärmste mit einer richtig fetten, hässlichen Katze vorlieb nehmen. Sie blieb aber bei der leblosen Variante.

Weshalb ausgestopfte Hunde und Katzen? Für mich hatte ein Theaterstück mit echten Tieren allemal mehr Charme und Seele. Natürlich würde ein echter Hund auf der Bühne besondere Aufmerksamkeit genießen. Aber weshalb sollte das schlecht sein? Ich war mir sicher, mein Buddy war der Aufgabe gewachsen, und ein leibhaftiger Hund würde noch mehr Leute ins Theater ziehen, bei so vielen Hundeliebhabern im Land. Ein tolles Experiment.

Das erhaltene Lob von allen Seiten gab mir letztlich recht, und selbst der Schriftsteller des gleichnamigen Romans, Warren Adler, hatte in den USA davon gehört und gratulierte mit den Worten, es sei das erste Mal, dass in einem Theaterstück nach seiner Buchvorlage ein echter Hund mitgespielt hätte.

Buddy erntete viel Zuneigung und Respekt, natürlich auch von Susann, war doch klar. In über 90 Vorstellungen gab es nur zwei, in denen er phasenweise unkonzentriert war. Dann hieß es halt improvisieren, was dem Komödiantischen nur zuträglich war. Mein kleiner Kumpel hat sich seinen Starruhm redlich verdient.

„Der Patriarch" war ja nicht nur der Intendant am Theater 1 in Neuwied, sondern auch Inhaber des Theater 2 in Bad Godesberg. In dem ansonsten eher dörflichen Stadtbezirk Bonns war er so etwas wie die Lokalprominenz und lud gerne auch illustre Persönlichkeiten zu den Theaterstücken ein. Zum „Rosenkrieg" war es der schillernde „Konsul Weyer", jener Graf von Yorck, der so weltgewandt Adelstitel und Orden an die zahlungskräftige Kundschaft brachte.

Mittlerweile gehörte es schon zur persönlichen Tradition, dass er und ich uns dort um Weihnachten und Neujahr herum über den Weg liefen – in der Regel auf dem Weg zur Massage und in die Sauna im Kurhaus. Diesmal fuhr er in einem BMW Z8 vor, stieg gewohnt elegant im Kamelhaarmantel aus. Wie immer breitete er vor mir seine neuesten Einladungen in die große weite Welt aus – von Flug bis Hotel alles First-Class, was sonst. Irgendwer wollte wieder Konsul von Kolumbien, Paraguay, Montezuma oder sonst wo werden. Bei dieser Gelegenheit fragte ich dann endlich mal, was der werte Herr eigentlich alle Jahre wieder im provinziellen Bad Godesberg, also Lichtjahre von Glamour, Glanz und Roten Teppichen entfernt zu suchen hatte, anstatt den Winter in der Karibik oder auf Hawaii zu genießen.

»Die buckelige Verwandtschaft wartet auf die Geschenke«, erwiderte er daraufhin trocken. Wie er ergänzend hinzufügte, stammte seine Ehefrau von dort. Damit war wieder einmal bewiesen, dass gegen die lieben Verwandten kaum ein Kraut gewachsen war. Also wenn schon der internationale Jet-Set nicht aus der Nummer rauskam …

Wir standen mit unserem Theaterstück noch in Bad Godesberg auf der Bühne, als mein Sohn Dustin – der in drei verschiedenen Rollen mitwirkte – mich abseits darüber informierte, dass ein Ehepaar mit zwei Kindern

Eintrittskarten gekauft und nach mir gefragt hätte. Sie müssten mich unbedingt treffen, um mir etwas Wichtiges zu übergeben.

Ich nahm das nicht sonderlich ernst, weil ich niemanden erwartete und Anfragen dieser Art immer wieder mal vorkamen. Wirklich wichtig war es eher selten. Aber da kam dann auch schon ein großer, gepflegter Typ mit Harley-Jacke auf mich zu, der sich als Peter Fischer und die Frau an seiner Seite als seine Ehefrau Micki vorstellte, dazu noch die Kinder und ein Husky.

»Wir haben deine Sendung mit dem Harley-Shop bei „Goodbye Deutschland" gesehen«, kam er schnell auf den Punkt. »Wir haben schon zwei Harley-Shops, einen in Flagstaff und einen in Sedona, aber der ist noch nicht ganz fertig. Wir würden gerne noch einen Dritten eröffnen. Du bräuchtest dich auch nicht groß darum kümmern. Wir haben ja schon alles da, denn das sind EagleRider-Stores, die zur Verleih-Kette von Harley-Davidson gehören – ein fertiges Merchandising-Konzept also.«

Bei „Harley-Shop" und „EagleRider-Stores" stellten sich meine Antennen wohlwollend auf Empfang: »Ja cool, klingt gut. Lass uns nach der Vorstellung weiterreden.«

Wir trafen uns also nach der Vorstellung und gingen gemeinsam in meine Theaterwohnung. Klar wurde beiderseits erst einmal weiter abgecheckt, ob die Chemie stimmte. Abenteurer waren sowohl Peter als auch ich,

Geschäftsmann hingegen nur er, hauptsächlich Unternehmensberater.

»Flagstaff sagt mir was. Ich glaube, da sind wir im letzten Oktober vorbeigefahren. Viel Schnee da oben«, erinnerte ich mich wieder an den Schneesturm.

»Ja, im Winter liegt da noch mehr Schnee. Aber ab April machen wir weiter.

Dann ist auch die Pow-Wow-Reisemesse in LA. Schaut doch mal, dass Ihr Anfang April rüberkommt. Um die Unterbringung kümmern wir uns selbstverständlich«, umgarnte er mich so eloquent und überzeugend wie ein Vollblutverkäufer.

Andererseits, wie viel Geschick erforderte es, um eine offene Tür einzurennen?

Die aktuelle Tournee war im März durch, danach blieb genügend Zeit für spontane Abenteuer in Amerika. Also gut, gemeinsam mit Sonja besprochen und verkündet, unser gelobtes Land würde uns demnächst für geplante sechs Wochen wiederhaben.

Da wir zwischenzeitlich in Oberösterreich bei unseren langjährigen Freunden mit dem Familiengasthof „Böckhiasl" wohnten, ging der Flug von Wien aus über Zürich nach Los Angeles. Dort wurden wir von Peter und Micki in Empfang genommen und in einem Hotel untergebracht.

»In zwei Tagen kannst du übrigens ein Bike von LA über Needles nach Flagstaff überführen, eine nagelneue Harley Roadmaster. Wir fahren im Auto vor.«

Geile Route! Wieder sollte es die schon bekannte Strecke an Barstow vorbei werden – nochmal ins „Sawgrass", die geilste Outlet-Mall der Welt. Was noch zu tun blieb, war eine vernünftige Karre für die sechs bevorstehenden Wochen zu mieten. Es wurde ein schwarzer Nissan Pathfinder mit Anhängerkupplung. Und so fuhren wir los: Sonja im fetten Geländewagen mit den beiden Hunden, ich auf der superscharfen Harley.

Von Barstow aus machten wir einen kleinen Schlenker in die Mojawe-Wüste. Als wir dann in dem kleinen Ort Needles im brütend heißen Grenzgebiet zwischen Kalifornien und Arizona ankamen, lag etwa die halbe Wegstrecke hinter uns.

Dort fuhr man auf einem der noch verbliebenen Teilstücke der legendären Route 66, und der mächtige Colorado River floss vorbei. Ein sehr netter Typ zeigte mir voller Stolz, was er auf seinem Hänger hatte: ein kleines Motorboot, aber mit fettem Chevy-V8-Block vom Feinsten. Das war Amerika pur, wie ich es liebte.

Bei Ankunft in Flagstaff wurden wir mit einem Straßenfest empfangen. Na ja, um uns ging es dabei wohl weniger. Weiß der Himmel, was die Einwohner an dem Tag zu feiern hatten.

Egal, wir wurden trotzdem herzlich begrüßt mit homemade Pancakes und reichlich Sirup. Als Highlight trat am Abend sogar noch der berühmte Folk-Sänger Arlo Guthrie live auf. ‚City of New Orleans‘, hallte es bei bester Stimmung durch die City Hall.

Wir kamen im stattlichen Haus von Jim unter, auch ein Deutscher und außerdem als Manager für Peters und Mickis Harley-Shops zuständig. Einen deutschen Polizisten lernte ich in Flagstaff auch noch kennen, ebenfalls Harley-Fan und mit Peter befreundet. Eigentlich in Norddeutschland verwurzelt, zog er es vor, wenn schon nicht als Bulle, dann zumindest auf einer Harley durch die USA zu fahren. Seinen Job beim Einbruchsdezernat fand der Hanseat längst nicht mehr prickelnd, um es mal diplomatisch auszudrücken.

Dann ging es ans Eingemachte. Schließlich hatten wir uns ja vorgenommen, selbst genügend Dokumaterial zu drehen, um damit eine eigene Promi-Serie im Rahmen von „Goodbye Deutschland“ zu erhalten. Die Überführung der „Roadmaster“ hatte Sonja mit unserer Kamera schon gut eingefangen. Gerade als wir den EagleRider-Store in Szene setzen wollten, fiel mir das Hotel Budget Inn gegenüber auf.

»Sag mal, Sonja, da haben wir doch übernachtet, oder täusche ich mich da? Weißt du noch, im Schneesturm. Da hattest du doch einen Harley-Laden gegenüber erwähnt.«

Ich war überwältigt. »So ein Zufall. Ist das nicht eine unglaubliche Fügung, dass ausgerechnet der Chef hier mich drei Monate später anquatscht, ob wir uns mit ihm zusammentun wollen?!«

Es motivierte uns umso mehr. – Der Plot sollte ja nach wie vor so sein, dass der prominente Schauspieler Martin Semmelrogge dauerhaft in die USA auswandert und einen Harley-Shop eröffnen will. Was macht dieser Martin Semmelrogge also? Er leiht sich zunächst mal eine „Road King" in schwarz. In der Realität war es aber Sonntag und der Inhaber Peter Fischer nicht in der Nähe. Kein Problem, drehten wir das Mieten eben mit Jim, der ja Zugang hatte.

Sonja hielt also per Kamera fest, wie ich mir eine „Road King" aussuchte.

Als Nächstes durfte mich der gute Jim gemäß vorgesehenem Handlungsverlauf nicht kennen: »Ich glaube, ich habe dich schon mal irgendwo gesehen, aber ich bin mir nicht sicher«, legte er sich dann auch durchaus talentiert ins Zeug.

»Na ja, ich bin Schauspieler«, spielte ich den Ball zurück.

Er betrachtete den Namen auf meiner Kreditkarte: »Semmelrogge, ja klar. „Das Boot", kenne ich natürlich.«

Wir bauten noch ein, dass meine Kreditkarte nicht funktionierte: »Shit, ich wollte eigentlich auch nur zwei oder drei Stunden fahren und wieder herkommen. Heute ist Sonntag, da kann ich auch niemanden in der Bankfiliale in Deutschland erreichen. Was machen wir denn jetzt? Kann ich das vielleicht irgendwie abarbeiten?«

»Ja, warum nicht«, sagte Jim nach kurzem Überlegen und zeigte wie abgesprochen nach draußen. »You can give me a helping hand. Du kannst die Harley da putzen. Mach die mal fertig.«

Das nahm ich dann wiederum zum Anlass, um nachzudenken.

»Sag mal, würdest du mich auch einstellen, so als Aushilfe? Die Bikes putzen und auftanken, vielleicht mal eine Maschine irgendwo abholen – ich habe ein Auto mit Anhängerkupplung. Und Ihr habt Trailer. Wenn einer mit Panne liegenbleibt, könnte ich eine Ersatz-Harley hinbringen, die kaputte dafür aufladen. Ich habe Zeit, will das Land eh kennenlernen. Für mich der ideale Job.«

»Okay, deal, machen wir.«

Für die Kamera putzte ich noch ein wenig die zugewiesene Maschine, dann hatte Jim wieder seinen Auftritt: »Jetzt lass das mal mit dem Putzen, ist ja schon Nachmittag. Genieß mal deinen Ride mit der „Road King“. Wir sehen uns später.«

Gesagt, getan, mit Sonja hinter mir im Nissan cruiste ich auf der Route 66 – auch „Straße der Sehnsucht“ oder „Mother-Road“ genannt – dem Nachmittagsbrunch im siebzig Meilen entfernten Seligman entgegen.

Gelegentlich hielten wir an, um schöne filmische

Impressionen zu koordinieren. Zu dem Ort Seligman muss man wissen, dass der wie etliche andere in Vergessenheit geraten und verkommen ist, nachdem die Route 66 von der parallel verlaufenden Interstate 40 ersetzt worden war.

In Seligman haben sich die Einwohner aber dagegengestemmt, den Ort neu belebt und mit viel Neon hübsch gemacht. Mittlerweile war er wieder ein Ziel für Nostalgiker der Route 66, für Biker und Ausflügler, die sich zu gerne mit den leicht skurrilen Einheimischen fotografieren ließen – alles Originale wie John der Barber, irgendwie aus der Zeit gefallen. Jedes Jahr aufs Neue fand in der Gegend auch der „Fun Run" statt – inklusive des Treffs der schönsten Automobile in Seligman, von aufwendig getunt bis historisch wertvoll.

Wir hatten auch schnell die perfekte Szene für meine Ankunft im Blick. Es gab dort nämlich ohne Witz ein „Lilo's Biergarten", dazu noch mit Barbecue. Ich würde mich also ganz stylisch die Hauptstraße entlang und an den Geschäften vorbei mit meiner Harley nähern und direkt vor der Lokalität cool zum Stehen kommen. Soviel zur Theorie. Sonja machte sich zur Aufnahme bereit, und wir legten los. Bis zur Schotterfläche vor dem Biergarten ging noch alles gut. Ich hatte mir in den Kopf gesetzt, eine besonders schnittige Ankunft hinzulegen. Also gab ich kurz vor dem Anhalten Vollgas und lenkte dabei ein, um effektvoll ein paar Steinchen fliegen zu lassen. Allerdings hatte ich die Rechnung ohne die lange Übersetzung der „Road King" gemacht.

Der Hinterreifen drehte nicht durch, sondern katapultierte mich stattdessen nach vorne. Ich geriet ins Schlingern, und der nahe Zaun kam mir auch schon gefährlich nahe. Also legte ich die gut 360 Kilo um. Tja, so hatte ich die Ankunft eigentlich nicht hinlegen wollen, halb unter der Maschine begraben.

Hilfe nahte schnell – deutscher Biergarten, deutsche Gäste, hilfreiche deutsche Hände. Ob mir was passiert sei, ob man helfen dürfe, ob ich ein Autogramm geben könne …

Daraufhin wurde Sonja etwas unwirsch: »Geht's noch?!«

Jetzt saß in eben diesem Biergarten – völlig ahnungslos, weil nicht über den Drehtag informiert – der Harley-Shop-Inhaber Peter Fischer mit seiner Frau Micki. Als der nun plötzlich mit den spöttischen Worten »Sag mal Micki, kommt dir die Maschine nicht bekannt vor?« auf der Szene erschien, bauten wir ihn kurzerhand in die Doku ein und wiesen ihn an, doch ganz überrascht zu tun, weil ich und die Harley ihm irgendwie bekannt vorkämen. Dann sollte er die Maschine zweifelsfrei identifizieren und mich ungehalten zum Rapport bitten.

Peter ließ sich das nicht zweimal sagen: »Komm mal her! Sag mal, was machst du hier eigentlich für einen Scheiß mit meiner Harley?!«

»Ja, wieso?«, hielt ich dagegen. »Ich bin der neue Supporting Manager vom EagleRider-Store.«

»Wie, davon weiß ich ja gar nichts.«

»Ja, ja, für's Marketing zuständig«, setzte ich noch einen drauf. »Komm Sonja, verteil mal gleich ein paar Eagle-Rider-Promotion-Kärtchen.«

Und Peter parierte seinerseits gekonnt: »Wenn das so ist, brauchst du ja auch keine von unseren Maschinen durch die Gegend zu fahren. So schnell bekommst du jedenfalls keine Harley mehr. Ab heute wird nur noch Auto gefahren.«

Damit hatten wir an diesem Tag durchaus Brauchbares verewigt. Am Ende war es bestimmt hilfreich gewesen, dass ich dem edlen Gefährt kein Haar gekrümmt hatte – auch dank des Sturzbügels. Nicht mal der Lack wies Kratzer auf, die man nicht hätte wegpolieren können. Puh, drei Kreuze und ein Halleluja.

Nach sechs Wochen USA mit neuen Freundschaften, Harley-Touren, Filmerei und viel viel Spaß wurde es Zeit zurückzukehren – zurück in ein neues Piratenabenteuer in Grevesmühlen. Das Piraten-Open-Air 2012 präsentierte von Juni bis September „Ein Leben auf See" mit mir als Edelpiraten Stede Bonnet.

Diesmal sollte es eine dreifache Familienangelegenheit werden. Mein Sohn Dustin gab den Steuermann Israel Hands, welchen in 2010 noch ich verkörpert hatte, und meine Tochter Joanna spielte die Aristokratin Doña Anna-Dolores von Kastilien.

Bei Piraten-Open-Air fallen mir die Karl-May-Festspiele ein und dabei wiederum Ex-Bundespräsident Christian Wulff. Seltsam? Wieso, immer noch nicht gemerkt, dass ich von Zeit zu Zeit unkonventionell geradeaus denke? Ich will mal aufklären. Die beiden Freiluftspektakel weisen einige Parallelen auf und haben beruflich in meinem Leben viel Raum eingenommen. Also denke ich bei dem einen schnell auch an das andere. Zwischen meinem Wirken als Bösewicht in Bad Segeberg und Christian Wulff wiederum besteht die Verbindung durch ein persönliches Zusammentreffen – aber dazu gleich. Warum mir dieses Staatsoberhaupt a. D. ausgerechnet zum Jahr 2012 einfällt, ist doch einleuchtend. Es war das Jahr seines Rücktritts als Bundespräsident, am   17. Februar, um ganz präzise zu sein. Der hat es aber auch nicht an Dummheiten und Fettnäpfchen fehlen lassen. Übernahme privater Hotelkosten durch Filmproduzent David Groenewold, unzutreffende Angaben zur Finanzierung seines Eigen-heims mit dem anschließenden Versuch, Einfluss auf die Medienberichterstattung zu nehmen. Für das Bobby-Car-Geschenk eines Autohändlers für seinen Sohn bedankte er sich dann noch höchst offiziell mit einer Einladung zum nächsten Sommerfest des Bundespräsidenten. Man mag ja das eine oder andere davon lächerlich finden, ich in jedem Fall, aber alles zusammengenommen?! Wenn ich überlege, wofür ich im Knast gesessen habe ... Herr Wulff hat natürlich nicht einen Tag Knastwände von innen angestarrt. Das wäre wohl auch zu viel Strafe gewesen. Und bei politischer Immunität und besten Anwälten ist ohnehin alles relativ. Am besten, man nimmt in der gesellschaftlichen Pyramide einen geschützten Platz an der Sonne ein. Lieber ein Orchester dirigieren, als nur im Orchester zu fiedeln oder zu blasen. Wulffs Platz an der Sonne war allemal gut genug, um künftig nicht auf sein Ruhegeld und andere Annehmlichkeiten rund ums Amt verzichten zu müssen.

Nicht vergessen sollte man auch seine sogenannte Bremer Rede von 2010 zum 20. Jahrestag der Deutschen Einheit: *,Das Christentum gehört zweifelsfrei zu Deutschland. Das Judentum gehört zweifelsfrei zu Deutschland. Das ist unsere christlich-jüdische Geschichte. Aber der Islam gehört inzwischen auch zu Deutschland‘.*

Das mit dem Islam habe ich ganz anders gesehen und tue es noch immer – wie sehr viele Menschen im Land übrigens, wenn's recht ist. Entsprechend hohe gesellschaftliche Wellen hat diese Aussage dann ja auch ausgelöst. Ich schüttelte nur den Kopf darüber. Natürlich konnten Muslime zu Deutschland gehören, wenn sie sich in die Gesellschaft einbrachten und sich dem deutschen Grundgesetz unterordneten. Der Islam als solcher aber definitiv nicht, denn er war in Teilen nicht mit unserem Grundgesetz vereinbar. Bestes Beispiel dafür war und ist die Scharia.

Als Rechtsanwalt konnte ihm dieser Widerspruch unmöglich entgangen sein.

Hätten wir im Juli 2009 bereits gewusst, was sich in den folgenden Jahren rund um den Bundespräsidenten Wulff zutragen würde, meine Schauspielkollegen Erol Sander, Dorkas Kiefer und ich wären vermutlich nicht von Bad Segeberg aus nach Hannover gefahren und auf Pferden vor die Staatskanzlei geritten, um ihm noch als Ministerpräsidenten von Niedersachsen feierlich die Ehrenhäuptlingswürde inklusive Federschmuck zu verleihen, noch dazu mit dieser Presseverlautbarung: *‚Wulff vertritt wichtige Winnetou'sche Werte wie Offenheit, Vertrauenswürdigkeit und Ehrlichkeit.'*

Der arme Winnetou. Aber Schwamm drüber, wir hatten es ja nicht besser gewusst. Ich hatte Wulff sogar noch mein erstes Buch und er mir seines geschenkt. Damals hatte ich ihn wirklich gemocht, ihn für einen netten Kerl gehalten. Vielleicht ist er das ja auch und nur unglücklich über Bobby Car und andere Hindernisse auf dem spiegelglatten Weg der Macht gestolpert. In der niedersächsischen Staatskanzlei war ich jedenfalls ganz nah an der Macht gewesen – wieder mal.

Ach Christian, hättest du mich doch nur um Rat gefragt, so von einem netten Kerl zum anderen. Immerhin hatte ich schon Gerhard Schröder und den Stoiber Edmund vorzuweisen.

Man konnte im Leben schon arg in Bedrängnis geraten, das wusste ein Christian Wulff genauso gut wie ich. Da konnte man sich glücklich schätzen, einen wahrhaften Freund an seiner Seite zu wissen. Ein Freund solchen Kalibers war genauso viel oder mitunter sogar mehr wert als die eigene Familie. Den kürte man nämlich selbst dazu, weil er es sich verdient hatte. Die blutsverwandte oder angeheiratete Familie hingegen gehörte ungefragt zu einem, ob gewollt oder nicht. Meist hatte ich in jeder Lebensphase nur einen Freund mit dem Prädikat „besonders wertvoll". Eine solche Verbindung wollte und musste ja auch gepflegt werden und außerdem, solche Menschen wuchsen nicht auf Bäumen.

Wenn man mich fragen würde, was einen echten Freund auszeichnet, dann wäre meine Antwort darauf: Den kannst du zu jeder Zeit anrufen, weil du am Arsch der Welt festsitzt. Er wird sofort in die nächste Karre steigen und dir zu Hilfe eilen. Er wird nicht fragen, warum oder weshalb, sondern es einfach tun.

So ein Freund war und ist Michael Jürgens, kurz Maika, seines Zeichens Musikproduzent, Songschreiber und

Firmeninhaber. Und der bekam tatsächlich einen solchen Anruf von mir, in der Zeit des Piraten-Open-Air, aus dem niederländischen Groningen, wo ich unverschuldet gestrandet war. Einen Tag hin, übernachten und wieder zurück, so war mein ursprünglicher Plan gewesen. Und mehr Zeit hatte ich auch gar nicht. Aber plötzlich hatte sich ein Reifen verabschiedet, und laut dortiger Werkstatt hätte ein bestellter Ersatz drei bis vier Tage auf sich warten lassen. Maika gab seinem Toyota über dreihundert Kilometer Gummi, um mich abzuholen. Es war schon spät, als er ankam und ich vor der mittlerweile geschlossenen Mercedes-Werkstatt am Kofferraum meines Wagens hantierte. Für eine Polizeistreife machte mich das zum Verdächtigen, also musste ich mich jetzt auch noch erklären. Es gelang, Maika und ich fuhren zurück zu ihm, und am Morgen darauf standen wir bei seinem Toyota-Händler auf der Matte. Zwei passende Reifen wurden gekauft, eingeladen und zurückging es nach Groningen. Coole Aktion, was für ein Freund, einfach nur „super geilomat".

Semmelrogge-Galerie

Foto: Bernd Hartung

Foto: Bernd Hartung

Foto: Privatarchiv M. Semmelrogge

Foto: Privatarchiv M. Semmelrogge

„Rock & Read" mit „Mutz";
Foto: Privatarchiv M. Semmelrogge

Dreharbeiten „Tal der Skorpione";
Foto: Privatarchiv M. Semmelrogge

Bei Dreharbeiten;
Foto: Privatarchiv M. Semmelrogge

Foto: Privatarchiv M. Semmelrogge

Martin mit Tochter Joanna;
Foto: Privatarchiv M. Semmelrogge

Martin mit seiner Verlobten Regine;
Foto: Privatarchiv M. Semmelrogge

Martin & Buddy in der Wüste;
Foto: Privatarchiv M. Semmelrogge

Martin in Amerika;
Foto: Privatarchiv M. Semmelrogge

Martin mit Musikproduzent Willi Meyer auf Mallorca;
Foto: Privatarchiv M. Semmelrogge

Der „Mega Macker" von Mallorca;
Foto: Rock & Glam

Foto: Rock & Glam

Martin und Buddy in Palma de Mallorca;
Foto: Privatarchiv M. Semmelrogge

Das Jahr 2013 oder:
Ein Freigänger zwischen
Actionkino und Big Brother

Da lässt sich nichts wegdiskutieren, das Autofahren rangierte in meinem Fall auch weiterhin zwischen Segen und Fluch. Einmal mehr schaffte ich es damit in die Gazetten oder besser gesagt, waren die Gazetten geil auf diese Schlagzeile. Acht Monate Haft wegen Fahrens ohne Führerschein, so lautete das Urteil. Ab Januar war ich prominenter Insasse des Freigängerhauses Fuchsbau 2 in Waldeck bei Rostock. Nach vierzehn Tagen hieß es endlich: Freigang. Offener Vollzug ist schon eine skurrile Erfindung. Da hältst du am Nachmittag Lesungen oder spielst am Abend Theater, geniest Zuspruch und Applaus, um dann über Nacht weggesperrt zu werden. Das alles geschah, obwohl ich einen gültigen EU-Führerschein besaß – immerhin lebte ich seit nunmehr zehn Jahren in Spanien – den ich allerdings beim Kraftfahrzeugbundesamt per Antrag hätte anmelden müssen. Ein Fehler meinerseits, keine Frage, aber dafür wurde meine persönliche Freiheit acht Monate lang empfindlich eingeschränkt. Verhältnismäßig? Aus meiner Sicht nein. Andere

Leute in Deutschland wurden trotz schwerer Körperverletzung oder Vergewaltigung mit Bewährungsstrafen auf freien Fuß gesetzt oder blieben gänzlich straffrei.

Aber zumindest durfte ich von 9 Uhr früh bis 2 Uhr nachts meinem Beruf nachgehen, hatte einen eigenen Schlüssel, musste nur pünktlich und nüchtern sein. In einem Paragrafen ist ja auch ausdrücklich festgeschrieben, dass man seine sozialen und beruflichen Bindungen aufrechterhalten darf und soll. Der Staat wollte schließlich keine neuen Sozialfälle produzieren. Jahresurlaub gab es noch on top, sofern man sich manierlich benahm. Sonja spielte bereitwillig die Chauffeuse, holte mich morgens ab und brachte mich abends zurück. Die Entfernung zwischen Waldeck und Grevesmühlen war gut zu stemmen, auch wenn wir ziemlich Kilometer fressen mussten. Eine letzte Saison lang nahm ich dort am Piraten-Open-Air teil, durfte in eine neue Rolle schlüpfen. Der Figur Dr. Sargo-Tan hauchte ich Leben ein, einem Mann, der sowohl Arzt war als auch ein Beerdigungsinstitut leitete. Egal ob heilen oder beerdigen, ich, also er kassierte immer. Ein Charakter, den man sehr humorvoll spielen konnte.

Bei einem besonders schlimmen „Finger" konnte ich dem Gouverneur von Cartagena nur noch den Tod verkünden: »Also der ist total austherapiert.«

War halt reichlich cool, dieser Doktor.

In der Zeit erreichte mich auch das Angebot, in einem Actionstreifen mit dem Arbeitstitel „Breakdown Forrest – Reise in den Abgrund" mitzuspielen. Die Dreharbeiten sollten im Jahr darauf beginnen. Laut Drehbuch war es eine übersichtliche, blutige Handlung:

Für die Erschaffung eines genetisch manipulierten Übermenschen werden kampferfahrene Schwerstkriminelle und Berufsmörder entführt. Ein einsamer Wald ist der Ort für ein mörderisches Auswahlverfahren, jeder gegen jeden bis zum Tod. Wer als Letzter überlebt, wird zum Probanden.

Es sollte ein Low-Budget-Film sein, denn weil es ein Actionfilm ohne tieferen Anspruch war, würde es keine Filmförderung geben. Zudem war der Regisseur und Drehbuchautor Patrick Roy Beckert noch jung und unerfahren. Warum also sollte ich dieses Angebot annehmen?

Drei Punkte überzeugten mich: Patrick war couragiert und voller Tatendrang, ich hatte Lust in einem Actionfilm mitzuspielen, und Deutschland konnte mal wieder einen harten deutschen Actionreißer brauchen. Mir war nur wichtig, dass weitere bekannte Schauspielkollegen sprichwörtlich ins Boot geholt wurden. Also hängte auch ich mich ans Telefon. Schließlich waren es illustre Namen wie Claude-Oliver Rudolph, Ralf Richter, Mathieu Carrière, Uwe Fellensiek oder Anouschka Renzi.

Meine Filmrolle sollte die des Afghanistan-Veteranen Eyck Rhoder werden, der bereits unzählige Menschenleben auf dem Gewissen hatte.

Da das Projekt ausschließlich mit privaten Geldern finanziert werden musste, kam es zu Engpässen, weshalb das Werk erst im Jahr 2019 fertiggestellt war und in Berlin Premiere feierte – unter dem Titel „Tal der Skorpione". Im Kino wurde es kein Hit, dafür ist die Edel-DVD ein Renner.

Auch die Teilnahme an „Promi Big Brother 2013" fiel noch in meine Zeit als Freigänger. Für die Produzenten des privaten Fernsehsenders war ich natürlich ein spannender Kandidat. Eine Hubschrauberflucht aus dem Gefängnis wollte man eigens inszenieren und mich direkt einfliegen. An sich sah ich mich in solchen Fernsehformaten nicht, wo es hauptsächlich um Eifersüchteleien, Eitelkeiten und das Gezänk zwischen C- und D-Klasse Promis ging, die kurz vorher am besten noch eine Entziehungskur oder Schönheits-OPs hinter sich gebracht hatten. Aber nichts war in Stein gemeißelt, eine zusätzliche Verdienstmöglichkeit zumindest eine Überlegung wert. Also dachte ich darüber nach. Meine Hauptbedingung war am Ende diese: Ich wollte es als interessante und amüsante Unterhaltungsshow angehen und mich nicht auf niedrigstem Niveau mit irgendwelchen Leuten ohne Substanz auseinandersetzen und fetzen müssen. Für einen Seelenstrip vor laufenden Kameras war ich nicht zu haben. Wenn ich also mitmachen sollte, mussten wenigstens zwei Leute dabei sein, die mindestens so bekannt waren wie ich und meine Profession ausübten. Es wurde mir zugesagt, ich nickte ab, und schon hieß es mit einem Augenzwinkern: aus dem Freigängerhaus in den geschlossenen Knast.

Die TV-Show zur Volksunterhaltung nahm ihren Lauf, und als David Hasselhoff dazustieß, hatte ich auch gleich meinen Bruder im Geiste gefunden. Zwei relaxte Entertainer eben. Die Verständigung fand irgendwo zwischen englisch und deutsch statt, Hände und Füße liefen zur Höchstform auf – kein Problem. Es reichte allemal für ein Wörterbuch „Semmelrogges Denglish", das meine virtuosen Sprachkapriolen humorvoll in Szene setzte. Für Hasselhoff war ich der „Hobbit", was nicht despektierlich zu verstehen war, sondern als Zeichen, dass er mich mochte. Morgens um vier weckten die Macher uns sogar gemeinsam auf, um ein Spiel am Laufband zu absolvieren. Zwar mussten wir nicht selbst auf dem Gerät schwitzen, dafür aber Hühnereier sichern, die in unvorhersehbaren Abständen und Mengen auf demselben ankamen. Tja, wie man so schön sagt: Geteiltes Leid ist halbes Leid.

Später gesellte sich noch sexy Pamela Anderson als „Besucherin" dazu, mit anderen Worten, sie blieb nie über Nacht. Das hat sie sich dann doch lieber erspart. Wie ein

Bienenschwarm stürzten sich andere sofort auf sie. Ich überlegte stattdessen, ob es sich womöglich um eine Doppelgängerin handelte. Aber nein, es musste die echte Baywatch-Nixe sein. Nicht umsonst hatte ich in der Nacht zuvor alles aus oder mit tierischem Material entfernen müssen, vor allem Felle und Leder. Zu schade, auf einem ledernen Massagesessel war ich zu gerne eingepennt. Schlagartig wurde mir der Grund für diese merkwürdige Aufgabenstellung klar: Ich wusste ja, dass Pamela Veganerin war, sich seit Jahren für Tierrechte einsetzte und bei der Tierrechtsorganisation PETA engagierte. Also definitiv ein guter Einstand für mich. Außerdem bereitete ich extra für sie grünen Tee mit Honig zu. So stellte sich ein Martin Semmelrogge vor. Einen Begrüßungskuss ließ sie sich trotzdem nicht aufdrücken. Das wiederum freute meinen sympathischen Mitbewohner, den syrischen Brofi-boxer mit deutscher Boxlizenz Manuel Charr. Wir hatten nämlich eine kleine Wette laufen, wonach ich alle Frauen im Big-Brother-Haus mindestens einmal auf den Mund küssen musste. Da blieb nur eins, mit vielen Nettigkeiten sturmreif schießen. Eine große Gemeinsamkeit hatten wir ja, die Pam und ich – die kalifornische Pazifikküste. Ich kannte und liebte die Stadt Ventura, wo sie zu Hause war, mit allen Insider-Treffpunkten wie „Fisherman's net" am Pacific Coast Highway. Auch über Malibu und andere Ecken dort konnte sie mit mir quatschen. Und so schloss mich Pamela Anderson ins Herz. Sogar von der Wette mit Manuel Charr erzählte ich ihr hinter vorgehaltener Hand. Zum Abschied umarmte sie mich und verpasste mir demonstrativ einen dicken, lauten Schmatzer auf den Mund. Da blieb mir nur noch, mein Lausbubengrinsen aufzusetzen.

Zum Konzept des Big-Brother-Formats gehörte es, dass man andere Teilnehmer rauswählen musste. Ich sah darin eine Art „Russisches Roulette", ziemlich undankbar. Zwangsläufig entschied ich mich gegen eine Natalia und begründete es damit, dass sie mir für ein solches Format zu laut, trinkfreudig und flirtintensiv agierte, was sie dann ja auch gleich in einer Kneipe tun könne. Daraufhin votierte ihre Fangemeinde geschlossen gegen mich. Dumm gelaufen. Mir war nicht bewusst gewesen, dass das Rauswählen öffentlich sein würde. Wäre ich diplomatischer zu Werke gegangen, hätte es voraussichtlich nicht schlecht für mich ausgesehen, zumal ich weit gekommen bin. Aber so war für mich an diesem Punkt Schluss. Jenny Elvers hat dann das Rennen gemacht, nicht zu Unrecht. Sie hat immer lecker gekocht, ist zurückhaltend gewesen, hat sich keinen Fauxpas erlaubt.

Dafür hatte ich mich vor einem breiten Fernsehpublikum zurückgemeldet und mir den Status eines Publikumslieblings erarbeitet. Und ich hatte beiläufig Promotion für meine anstehende Theatertournee „Der Rosenkrieg" –

wiederum mit Susann Fabiero und meinem Buddy – unterbringen können. Eigentliches Ziel erreicht.

Um noch einmal auf meine Monate als Freigänger zurückzukommen, ich darf nicht vergessen, den coolen Direktor in Waldeck zu erwähnen. Wie ich war er Hundebesitzer und Biker – sogar mit einer Harley. Der Rapport zwischendurch erfolgte auch schon mal beim gemeinsamen Kaffee. Dienstlich zu werden brauchte er ja nicht wirklich, Semmelrogge war durchweg ein Musterinsasse. Außerdem gewann ich den Eindruck, dass er das Verwaltungsvergehen, wie sich meine „böse" Tat in Amtsdeutsch nannte, selbst für ein lächerliches „Eierklau-Vergehen" ohne zu Klauen hielt. Klar hat er mir gegenüber das so nie gesagt. Ich will es mal so ausdrücken: Da war viel Sympathie auf beiden Seiten im Rahmen einer gebotenen professionellen Distanz. Soweit klar? Das hinderte eine böse Zunge unter den Insassen trotzdem nicht, zu behaupten, der Direktor würde bei mir auf Mallorca Urlaub machen, von mir Freikarten zum Piraten-Open-Air erhalten, oder wir würden jeden Tag bei ihm im Büro Kaffee trinken. Völliger Schwachsinn natürlich, aber der arme Mann ist daraufhin nicht mal als Privatmann zur Premiere erschienen. Selbst ein Gefängnisdirektor spürte schnell den eiskalten Hauch des Staates über sich, da schwebte nämlich ein scharfes

Schwert mit Namen „Amtsenthebungsverfahren". Und wer prominent wie ich war, hatte es immer auch mit neidischen Arschlöcher zu tun – zum Kotzen.

Der US-Geheimdienstmitarbeiter und Whistleblower Edward Snowden hatte nach seinen Enthüllungen im Juni mit wesentlich mehr Ungemach zu kämpfen. Die Wahrheit zu Überwachungsaktivitäten der USA und Großbritanniens gegen befreundete Nationen wie Deutschland hatte er enthüllt – nicht mehr, aber auch nicht weniger. Hatte er mit diesem Geheimnisverrat wirklich eine rechtliche Todsünde begangen? Was war mit seinem Gewissen? Wie sah es denn mit dem Verrat der US-Regierung an den Partnern in Europa und anderswo aus? War das nicht mindestens genauso problematisch? – Wladimir Putin und sein Russland nahmen den vom CIA-Mitarbeiter zum Menschenrechtler mutierten Asylsucher Snowden jedenfalls mit offenen Armen auf. Deutschland wollte ja nicht. Gut für Snowden, denn als treuer Vasall und spätestens bei Androhung von Repressalien wäre man in Berlin früher oder später ohnehin eingeknickt und hätte ihn an die USA ausgeliefert. Da war ein Putin aus ganz anderem Holz geschnitzt.

Was hat mich 2013 denn noch beschäftigt? Auch als passionierter Autofahrer, der seine Karre nie für andere motorisierte Alternativen außer Motorräder stehenließ, habe ich die Liberalisierung des Fernbusverkehrs in Deutschland ab Anfang des Jahres mit Interesse verfolgt. Es entbrannte ein regelrechter Krieg um Fahrgastzahlen und Wegstrecken bis ... ja, man kann sagen bis aufs Blut. Von einem unbarmherzigen, ruinösen Verdrängungswettbewerb war das Jahr beherrscht. Im Laufe der folgenden drei Jahre unterstrichen die allgegenwärtigen grünen Busse einer privaten Gesellschaft mehr und mehr deren Dominanz am Markt. Günstiges Busreisen auch über weitere Strecken bis ins Ausland dürfte den Managern von Deutsche Bahn und einzelnen Fluggesellschaften mächtige Grübelfalten auf die Stirn gezaubert haben.

Intrigen, Gemetzel, Kampfgetümmel und Drama – es erreichte beinahe schon Shakespeare'sche Dimensionen. Für mich als Schauspieler war es vor allem ein spannender Anschauungsunterricht.

Was mich zum Mitfahren in einem Fernbus bewegen könnte? Eines vielleicht tatsächlich: Lasst mich ans Steuer.

Ab Oktober durfte ich zur Abwechslung auch mal als Kriminalist auf die Theaterbühne. Holt war mein Name, Inspector Larry Holt. „Die toten Augen von London" machten das neblige London unsicher, und ich sorgte in einem der erfolgreichsten Stoffe des Edgar Wallace ‚für eine neue, süffisante Note', wie es in der Rhein-Zeitung Neuwied hieß.

Mein Sohn Dustin in der Rolle des gutmütigen Gauners Flimmer Fred gehörte auch zum Ensemble.

Die gefeierte Uraufführung im Theater 1 in Neuwied war dabei erst der Anfang, denn wir gingen auf Tour und brachten Humor, Nostalgie, Spannung und Grusel auf die Bühnen. Ich mag nicht beurteilen, ob der Auftritt im Stadttheater Rheinbach am 27. November zu meinen besonders gelungenen gehörte, aber in einer Hinsicht war er unbedingt etwas Besonderes – auch wenn mir das erst zwei Jahre später bewusst werden sollte. Veranstalterin am Theater war nämlich eine gewisse Regine Prause – noch ganz neu dabei – und mit dieser wundervollen Frau bin ich mittlerweile verlobt. Unsere erste Begegnung verlief recht turbulent auf dem Parkplatz des Städtischen Gymnasiums, wo sie um ein Haar mit meinem Mercedes kollidiert wäre oder wir mit ihr. Wir, weil Dustin meinen Wagen fuhr. Wir zwei Semmelrogges genossen am Stadttheater einen guten Ruf, plauderte Regine noch ein wenig aus dem Nähkästchen. Dem wollte ich natürlich gerecht werden. Außerdem hatte sie mich zuvor nur als Film- und Fernsehschauspieler wahrgenommen, was ich nun ändern konnte. Während ihrer Vorbereitungen als Veranstalterin liefen wir uns noch einmal in der Lobby des Theaters über den Weg. Daraus wurde ein spontanes Shooting für Website und Social Media. Schon war sie wieder verschwunden. Was für ein Feuer.

Das Jahr 2014 oder:
Wie man in Arizonas Wildem
Westen einen Hund verliert

Wenn ich an das Jahr zurückdenke, dann zuerst an unseren „Wüsten-Buddy".

Aber ich fange wohl besser von vorne an. Es war Ende Januar und die zweite Tournee mit „Der Rosenkrieg" erfolgreich absolviert, als Sonja und ich für drei Monate Richtung Miami, Florida starteten.

Dort angekommen, fuhren wir über die Florida Keys bis nach Key West. Wie eine Perlenschnur reihte sich Tropeninsel an Tropeninsel, Koralleninsel an Koralleninsel. Wer auf dieser Strecke nicht entschleunigen konnte, für den kam wirklich jede Hilfe zu spät. Was uns anging, das für eine Woche angemietete Cottage durfte zwei tiefenentspannte Gäste in Empfang nehmen. Dazu trug auch der fette Chevy Tahoe bei – komfortabel ohne Ende. Musste die auch sein, schließlich hatten wir einige tausend Kilometer vor uns.

Aber erst mal ging es zurück nach Miami, wo mein enger Freund Chris de Pietro uns schon sehnsüchtig erwartete. Auch dort hatten wir ein Haus gemietet.

Weil ich mit einem Dauer-Jetlag zu kämpfen hatte und Sonja davon unbeeindruckt noch fest schlief, fuhr ich mit Buddy und Teddy auf eine Joggingrunde nach South Beach, dem glamourösen Vorzeigestrand von Miami, direkt am Ocean Drive gelegen. Vor sieben Uhr morgens radelten einem auch noch keine Security-Leute über den Weg. Vom Strand zurück dann schon:

»How do you doing?«, grüßte ich höflich. Höflich war immer gut, man konnte ja nie wissen. An meinen Hunden störte sich der junge Mann um diese Uhrzeit zwar noch nicht, aber bei den Parkuhren sah das bestimmt anders aus. Die Scheißdinger schluckten ein Vermögen, das ich nicht aufbringen wollte. Cool, dass es meinen Freund Chris gab, der mich mit einem „Handicapped“-Schild für die Frontscheibe ausgestattet hatte. Das Stück Plastik befreite mich tatsächlich vom Blechen. Ein Problem ergab sich trotzdem: Badehose und Sportshirt hatten nicht einmal eine popelige Tasche, sodass prompt der Wagenschlüssel verloren gegangen war. Na großartig, der Anhänger der Mietwagenfirma inklusive Kennzeichen konnte den Finder leicht zum „Tahoe“ führen, und in der Mittelkonsole war ein Großteil unserer Reisekasse versteckt. Ich sah Sonja schon einen hysterischen Kriegstanz aufführen. Stress war trotzdem das Letzte, was ich an diesem himmlischen Ort jetzt gebrauchen konnte. Also quatschte ich den Security-Mann Alex auf seinem

Fahrrad an und erzählte ihm von der Misere. Er versprach Augen und Ohren offen zu halten und bekam meine Mobilnummer. Ein Starbucks-Café direkt neben dem Marriott Hotel zog mich magisch an. Ohne einen Cent in der Tasche genossen ich und meine Hunde Eiswasser – das Einzige, was nichts kostete. Aber es war ja nicht umsonst mein gelobtes Land, etwas würde sich schon ergeben.

»Hey, Semmelrogge!«, hörte ich jemanden in österreichischem Dialekt rufen und schaute hinüber. »Wie läuft's, was machst du so?«

Tja, so fing das Gespräch an. Als wir uns trennten, hatte dieser super lässige Österreicher mir einen Kaffee spendiert und ungefragt einhundert Dollar geborgt.

Kein Problem, er wäre jeden Morgen um diese Zeit im Starbucks und Wiedersehen mache Freude.

Als Nächstes schlenderte ich in die Lobby des Marriott Hotels.

An meinen Hunden schien sich niemand zu stören, also ging ich weiter Richtung Hotelstrand, als ich auch schon üppige Hollywoodschaukeln in einer Poollandschaft ausmachte – nur für Hotelgäste, wohlgemerkt. Alles klar, ich war doch ein Hotelgast. Kaum saß ich auf einer der Schaukeln, begrüßte mich auch schon eine Latina-Schönheit: »Hi, I'm Francisca. I'm your host for today. How you're doing?«

Natürlich ging es mir großartig, bei dem Anblick sogar noch besser. Um Eiswasser für die Hunde bat ich und gab Francisca eine Fünf-Dollar-Note aus dem geliehenen Geldbündel.

Also, wenn ich kein Hotelgast war, wer denn wohl sonst?

Im Buffetbereich fragte mich auch niemand nach Namen und Zimmernummer, also langte ich ordentlich zu. Buddy und Teddy kamen auch nicht zu kurz. Was jetzt noch fehlte, war ein Schläfchen auf der Hollywoodschaukel. Um kurz vor Zwölf wachte ich wieder auf, und bewaffnet mit einem frischen Kaffee aus dem Starbucks wollte ich die Lage erkunden.

Über beide Ohren grinsend, kam mir Alex von der Security entgegen: »Ich habe schon versucht, dich telefonisch zu erreichen. Jemand hat den Wagenschlüssel gefunden.«

Wow, ich war zu Geld gekommen, hatte einen delicious Brunch genossen und noch ein Nickerchen gemacht. Und als Krönung war ohne mein Zutun sogar der verlorene Schlüssel wieder aufgetaucht. Ich sag's ja immer, relaxt muss man Probleme angehen, nice and easy. Natürlich habe ich dem netten Österreicher seine einhundert Dollar zurückgegeben – Ehrensache.

Von Miami aus ging es die Golfküste hoch bis St. Petersburg – „Sunshine City". Eine weitere Woche lang genossen wir das besondere Flair zwischen mondänem Yachthafen und schillernder Künstlerszene, zwischen Geldadel und breitem Kulturangebot.

Weiter ging es nach Houston, Texas. Dort gab es eine Cousine, die ich bisher noch nicht persönlich kannte. Treffpunkt war ein Club in der Stadt. Sonja, ich und dann auch meine Tochter Joanna würden auf der Rückfahrt wieder vorbeischauen. Die weitere Tour führte durch New Mexico und Arizona bis in bestens bekannte Gefilde Kaliforniens. Drei Wochen LA und Ventura, in denen wir auch David Hasselhoff besuchten.

In Las Vegas holten wir für einige Tage meinen Freund Maika ab, und als der wieder abflog, kam auch schon Joanna an. In der vollen Besetzung von drei Erwachsenen und zwei Hunden überfuhren wir ein weiteres Mal die Grenze nach Arizona auf dem Weg zurück nach Houston. Ein Hotel mit Poollandschaft in Phoenix war der perfekte Zwischenstopp. Mit den Pools begann allerdings auch das Verhängnis. Am Tag der Weiterreise konnte ich mich nämlich erst spät davon losreißen, und die Müdigkeit behielt mich im Griff. Ein kurzer Boxenstopp zum Eisessen, und Joanna übernahm das Steuer, trotz überschaubarer Fahrpraxis. Welche großen Gefahren waren auf der Interstate 10 schon zu erwarten – mitten in der Wüste, wo sich die Kojoten gute Nacht sagten. Dass es bald dunkel werden würde, war auch okay. Mein Instinkt mahnte trotzdem zur Vorsicht: »Keinen Stress, wir müssen heute keinen Rekord mehr brechen. Wir nehmen eh die Abfahrt nach Willcox, das ist nicht mehr weit.«

Bereits vor einem Monat hatten Sonja und ich dort in einem Motel übernachtet, das von einem schwulen Pärchen geleitet wurde – reizende Leute. Das Dreitausend-Seelen-Kaff selbst war alles andere als ein Geheimtipp mit lediglich einem McDonald's, einem Supermarkt, einem kleinen Krankenhaus und einer Tierarztpraxis. Kulturelles Angebot: Fehlanzeige.

Das Letzte, was ich vor dem Einschlafen auf der Beifahrerseite mitbekam, war vor allem Sonja, die pausenlos über Gott und die Welt philosophierte …

Die Gegend ist gefährlich, besonders für Postkutschen und bei Nacht.

Überfälle sind an der Tagesordnung, der nächste Sheriff einen halben Tagesritt entfernt. Und zum Teufel, ich sitze auch noch alleine auf dem Kutschbock – mit einer Winchester Modell 73 griffbereit, dem schweren Colt am Gürtel und meinem treuen Hund Buddy neben mir.

»Hörst du das auch, mein Freund? Hinter uns geht doch was vor.« So eine Scheiße, wusste ich's doch, da kommt die Mörderbande schon angeritten!

»Vorwärts Ihr lahmen Gäule, schneller!« Yee-haa, das Pack kriegt ein Feuerwerk geboten, das die so schnell nicht vergessen werden! Ich habe Leben und Ehre von zwei Damen zu verteidigen, das wollen wir doch mal sehen!

Feuern, nachladen, feuern! Na, wie gefällt euch das! Die Kutsche sieht aus wie ein Schweizer Käse, dafür sind drei Galgenvögel aus dem Sattel geschossen.

»Hey, Buddy, schnapp dir den Kerl auf dem Dach! Jaaa, zerfetz ihm das Bein, genau so! – Hier, nimm, den Gewehrkolben mitten in die Visage – guten Flug! Ja, und eine Portion gut durchgekauten Tabak hinterher!«

»Anhalten, Semmelrogge, wir wollen nur die Frauen! Gib auf, alter Hurenbock! Du bist nicht mal von hier!«

»Ich nicht, aber mein Gewehr! – Mist, leergeschossen. – Hier, Todesgrüße aus meinem Colt!«

»Buddy, kneif die Arschbacken zusammen, Banditen von beiden Seiten! Die schießen auf unsere Pferde! Nein, die Kutsche … uahh … nicht wieder auf den Arsch!« …

Schotteruntergrund riss mich jäh aus meinem Traum.

Was machte denn meine Tochter plötzlich auf dem Kutschbock? War das überhaupt ein Kutschbock? Noch während ich mich zu orientieren versuchte, schrie ich Joanna an: »Gib Gas, du bist doch viel zu langsam unterwegs! Sind wir überhaupt noch auf der Straße?!«

Aber sie machte alles richtig, wir befanden uns in einer Baustellenzone.

Ich war immer noch nicht ganz in der Realität angekommen, als es uns mächtig von hinten erwischte.

Die tonnenschwere Karre wurde mehrmals um die eigene Achse und von der Fahrbahn geschleudert, als säßen wir in einem dieser Fahrgeschäfte auf dem Rummelplatz. Von der Wucht wurden alle vier Reifen zerfetzt. Die Airbags waren aufgegangen, jetzt hingen sie schlaff runter. Ich raffte es immer noch nicht. Wer und wo waren diese feigen Strolche, die auf uns feuerten, verdammte Scheiße?

»Raus! Raus, das Auto explodiert!«, hörte ich Sonja schreien.

Jetzt erst nahm ich Gasgeruch wahr. Neben mir saß Joanna, die unter Schock hyperventilierte. Meine Beifahrertür ließ sich als einzige öffnen. Draußen kamen die ersten Autos zum Stehen.

Jemand rief: »Da war ein Hund!«

Hinter mir schrie Sonja: »Buddy ist weg! Teddy ist noch da, aber Buddy ist weg!«

Er musste durch die offene Beifahrertür geschlüpft sein. – Und dann sah ich den Grenzübergang nach New Mexico, etwa einen halben Kilometer entfernt. Wieso hatten wir die Abfahrt nach Willcox nicht genommen? Am Rand des Geschehens umkreisten uns Kojoten, und giftige Klapperschlangen waren sicher auch nicht weit. Vor Tagen hatte ich noch gelesen, wie man sich bei einem Schlangenbiss zu verhalten hatte, um nicht zu sterben. Und mein kleiner Kumpel irrte ausgerechnet jetzt kopflos durch eine Wüste voll mit solchen Kreaturen. Das konnte er unmöglich überleben. Wie von Sinnen rannte ich los auf die Straße, wurde aber aufgehalten und von der Fahrbahn gezerrt. Wir standen alle unter Schock.

Wie sich herausstellte, waren wir nicht etwa von Wegelagerern abgeschossen worden, sondern von einem alten Mann in seinem monströsen Wohnmobil. Er war zu schnell unterwegs gewesen, hatte uns in der Dunkelheit zu spät gesehen und uns beim Ausweichen hinten voll einen mitgegeben.

Der zuständige Sheriff vor Ort ordnete an, dass uns der Abschleppwagen des Autoverwerters mitnehmen sollte, zurück in das Westernkaff Willcox, irgendwo im Nirgendwo Richtung Tucson. Aha, wir würden also wieder in unserem gewohnten Motel 6 in Willcox absteigen – das ursprüngliche Etappenziel. Die Fahrt wurde eine wortlose. Uns lähmte die Sorge um den fortgelaufenen Buddy, nicht schmerzende Blessuren oder ein Schleudertrauma. Sogar unser Hund Teddy rührte sich kaum, lag nur zusammengekauert da. In meiner Verzweiflung hatte ich sogar Buddys Hundedecke am Unfallort zurückgelassen, extra draufgepinkelt und den geliebten Ball dazugetan. Vielleicht würde ihn das anlocken.

»Der eine Hund ist drinnen geblieben, der andere ist raus – Schicksal«, hörte ich Sonja geistesabwesend murmeln.

Ich schloss die Augen, versuchte mir die Wüste bei Nacht aus Sicht unseres Buddy vorzustellen:

Weglaufen, nur weg! Dieser schreckliche Krach – meine Ohren, ich kann nichts mehr hören! Menschen, überall fremde Menschen, ich erkenne ihren Geruch nicht! Dieses grelle Licht! Da vorne wird es dunkel. Gut, Dunkelheit ist gut. Wo es dunkel ist, ist es sicher. Da werde ich nicht gesehen. Rennen, ich muss immer weiter rennen. – Etwas stimmt nicht, ich bin nicht so schnell wie sonst. Bin ich etwa verletzt? Nur keine Schwäche zeigen! Endlich, es ist dunkel. Aber was ist das? Lichtpunkte, leuchtende Augenpaare, viele davon. Sind das Hunde, ein fremdes Rudel? Es riecht nicht nach Hund, aber es riecht gefährlich. Und ich höre Knurren. Hören? Oh super, ich kann wieder hören. Jetzt erkenne ich auch mehr. Die sehen aus wie Hunde, haben vier Beine, sind viel größer als ich. Besser, ich lege mich ganz flach hin und stelle mich tot. Ich versuche zu schlafen, vielleicht gehen sie ja fort.

Wie lange habe ich wohl geschlafen? Mein Rücken tut mir so weh. Solche Schmerzen hatte ich noch nie. Meine Hinterläufe sind wie gelähmt. Was ist nur geschehen?! Ich muss mich unbedingt erinnern! Das Auto, mein Rudel! Da war dieses fürchterliche Krachen. Alles ging kaputt, und ich wurde mit dem Rücken gegen etwas Hartes geschleudert. – Oh nein, ich habe mein Rudel im Stich gelassen, mein menschliches Rudel und meinen Hundefreund Teddy. Ohne sie bin ich verloren. Ich will nie wieder alleine sein oder zu einem anderen Rudel gehören. Aber bestimmt wollen sie mich nicht mehr. Ich war feige, und jetzt bin ich auch noch verletzt. Warum habe ich das getan? Ich weiß nicht, ich hatte Angst, panische Angst. Ich muss zurückfinden, vielleicht wartet meine Familie ja doch auf mich. Aber wo lang? Überall ist es dunkel. Denk nach, Buddy, denk nach! Mein eigener Geruch, ja, das ist es. Ich muss nur meinem eigenen Geruch folgen. Wenn nur diese schrecklichen Schmerzen nicht wären.

Was ist das für ein Rascheln, da vor mir. Klingt wie die Rassel von einem kleinen Menschenkind. Moment, erst mal stehenbleiben. Oh nein, eine Schlange! Die kenne ich von Mallorca. Aber da sind die nicht so groß und aggressiv. Die sieht nicht aus, als wenn sie Platz machen will, mit ihrem hocherhobenen Kopf. Kämpfen? Mein Kopf ist viel größer, also auch mein Gebiss. Aber ich bin der Fremde hier und nicht in Topform. Ein weiter Bogen kann nicht schaden. Möglichst geräuschlos, um sie nicht zu reizen.

Was ist das da für ein riesiger Schatten? Oh ja, die kenne ich – Kühe. Menschen mögen ihre Milch. Wenn ich die nicht anbelle, sollte es auch keine Probleme geben. Mal sehen, ich gehe mal näher ran. – Hey, du blöde Kuh, was machst du mit deinem Kopf?! Willst du mich etwa wegstoßen? Das ist aber gar nicht nett. Ist das wirklich eine Kuh, mit so großen Hörnern? Das gibt's doch nicht, warum rennt die mir jetzt hinterher? Puh, endlich hält der Fleischberg an. Mal überlegen. Große Hörner, angriffslustig ... ach was, dicke Euter hat die ja auch nicht. Moment mal, das ist ein Kerl. Egal, wie breitbeinig du dastehst. Du hältst mich nicht auf!

»Was hast du hier zu suchen? Das ist mein Territorium!«

»Ich habe mich verirrt und mein Rudel verloren. Mein Rudelführer braucht bestimmt Hilfe. Verstehst du?«

»Wrong chapter. Kapiert, amigo?!«

Was mach ich nur mit diesem Ochsen? »Hablas español?«

»Qué quieres? Wo kommst du überhaupt her, amigo?«

»Von weit her, aus „Malle".«

»Ach, du meinst doch nicht etwa Mallorca? Muchas fiestas ...«

Scheint ja ein gebildeter Ochse zu sein. Aber das dauert jetzt wirklich zu lange. So viel Zeit hat kein Hund: »Sí claro, aber ich muss los. Adios.« Und ab geht's.

Der Himmel wird langsam heller. Ich kann immer mehr sehen, und meine alte Duftspur kann ich immer noch riechen. Aber was ist das? Große runde Bälle, die hin und her kullern, genau mit dem Wind. Mist, einer erwischt mich gleich, da hilft nur noch wegducken. Volle Deckung! – Nanu, mehr als ein Kitzeln war es nicht. Klar doch,

Mann, ja! „Tubleweeds“ heißen die Dinger, „Steppenläufer“! Die habe ich in diesem Kasten gesehen, den meine Menscheneltern „Glotze“ nennen. Meistens lief ein Western.

Jetzt aber schnell weiter. Da hinten fährt schon ein Auto! Ich muss ganz nah sein! – Asphalt, die Straße Ich rieche meinen Menschenpapa, sehr stark. Irgendwo da vorne ist er. Komm, Buddy, noch einmal Mut. Nur noch über die Straße. Kein Auto in Sicht – und ab!

Die Sonne geht auf, das ist schön. – Und da, da ist die Decke, die ich so mag. Mein Lieblingsball, gleich ins Maul nehmen und sichern.

Aber wo ist mein Rudel? Keine Ahnung, aber ich – Buddy – laufe nie wieder davon. Hier hat Papa markiert. Hier bleibe ich und warte …

Willcox war heruntergekommen und verstaubt, das erkannte man sogar in der Nacht. Es hatte was von einem Goldgräberort – Jahrzehnte nach dem letzten Goldfund. Und unser geliebter Chevy? Der hatte uns zwar den Arsch gerettet, war aber reif für den Schrottplatz. Genau da blieb er auch. Der hilfsbereite Fahrer fuhr uns noch zum Motel 6.

Am nächsten Morgen rief ich zuerst meinen Buddy Chris de Pietro an, der mir sofort einen versierten Anwalt besorgte und auch gleich aus voller Überzeugung erklärte:

»Du kennst doch deinen Hund, Martin. Der wird zurückkommen.«

In dem Moment rief mir auch schon einer der beiden fürsorglichen Motelbetreiber freudig erregt zu: »Hey, Martin, jemand hat euren Hund gefunden.«

Ich ließ mir sofort die Telefonnummer von dieser Hundeauffangstation geben, wenn auch wenig zuversichtlich. Dass unser Buddy in der weiten Wüste Arizonas überlebt hatte, hielt ich doch für ein zu großes Wunder. Obwohl ich den Sheriff am Unfallort ja noch eindringlich gebeten, geradezu angefleht hatte, nach Sonnenaufgang dort nachzuschauen, bevor die Sonne zu heiß brennen würde.

»Bitte, ich kenne meinen Hund genau! Wenn mein Buddy die Nacht übersteht, wird er dorthin zurückkommen, zu seiner Decke, zu seinem Ball!«, hatte ich den Mann beschworen.

Ich rief also an, und die Angestellte der Tierstation bestätigte, dass der Sheriff einen Hund abgegeben hatte. Die Beschreibung passte. Jetzt verzweifelte ich daran, dass wir keinen Wagen mehr hatten. Wie sollten wir hinkommen, ohne fahrbaren Untersatz? Es war ja nicht gerade um die Ecke.

»No problem«, erwiderte die Frau mit dem Gemüt eines Schaukelpferdes, »der Sheriff bringt Ihnen den Hund.«

»Ja, und wann?!«

»In einer Stunde etwa.«

Bei offener Tür saßen wir im Zimmer unseres Motels – den Blick starr auf den Parkplatz gerichtet – und warteten gespannt wie Flitzebögen. Schließlich hörten wir das wohlklingend vertraute Blubbern eines V8-Motors. Langsam fuhr der Wagen des Sheriffs vor, eine schwarze Limousine vom Typ Dodge „Challenger" mit dunkel getönten Scheiben. Während wir zögerlich hinausschlenderten, kommentierte Sonja kraftlos: »Na mal sehen, was da für ein kleines Glupschauge drinnen sitzt.«

Zuerst stieg aber nur jemand mit glänzendem Sheriffstern aus, der noch kleiner war als ich und ohne Hut kaum über das Autodach gereicht hätte. Und nein, es war kein Cowboyhut, sondern einer mit breiter Krempe und vorne etwas goldenem „Lametta". Dabei wäre ein Cowboyhut perfekt gewesen, wie ich im nächsten Moment feststellte.

»Matt Dillon«, stellte er sich vor und reichte mir die Hand.

»Oh«, konnte ich ein Grinsen nicht unterdrücken, »das klingt vertraut. Marshal Matt Dillon aus der Westernserie „Rauchende Colts". Was für ein Zufall. Mein Held ist ja immer sein Hilfssheriff Festus gewesen, der kauzige Kerl mit dem Esel.«

Keine Ahnung, ob dieser echte Matt Dillon aus Fleisch und Blut überhaupt wusste, wovon zum Teufel ich da faselte. Vor allem, weil ich „Rauchende Colts" mit

„Smoking Guns" übersetzte, die US-Serie im Original aber unter dem Titel „Gun-smoke" bekannt war. Dass der andere Matt Dillon zwei Köpfe größer als er war, erwähnte ich schon gar nicht mehr. Wir wollten endlich wissen, wer da auf der Rückbank saß.

»Na dann lasst uns mal nachschauen, wer da im Wagen wartet.«

Es war tatsächlich unser Buddy. Damit war die Welt wieder in Ordnung, beinahe jedenfalls, denn der Ärmste konnte nicht mehr richtig laufen, springen schon gar nicht. Außerdem hatte er ein schlechtes Gewissen, mochte keinem von uns in die Augen schauen. Mit Zuneigung und Streicheleinheiten war das schnell vergessen. Die Familie war wieder vereint.

In der einzigen Tierpraxis in Willcox ging es schräg zu, wie ich fand. Hühner liefen da frei herum, die hatten Pilzköpfe wie die Beatles. Dazu passte auch das vorsintflutliche Röntgengerät. Fünfhundert Dollar wollte der Doc für die Sitzung mit Röntgenaufnahme. Dann sollte ich ihn noch mit Buddy alleine lassen.

Was denn, wollte er ihm auch noch eine Beatles-Frisur verpassen? Nix da, mein traumatisierter Hund blieb nicht mit dem alleine. Also musste ich notgedrungen dabei zusehen, wie mein vierbeiniger Freund in einen engen altersschwachen Metallkasten gesperrt wurde. Diagnose: angebrochener Wirbel.

Zurück in Oberösterreich stellte sich nach der Computertomografie in einer angesehenen Tierklinik heraus, dass besagter Wirbel komplett gebrochen gewesen aber zwischenzeitlich auch wieder zusammengewachsen war. Trotzdem wollte man operieren. Während wir noch das Für und Wider einer Operation diskutierten, wachte unser Buddy zwischen Katzen auf und bellte kräftig.

Ich hörte ihn regelrecht rufen: »Hey, Leute, lasst mich ja nicht alleine hier, zwischen den ganzen sterilisierten Miezen! Ich will hier drin nicht versauern!«

»Sonja, lass uns Buddy holen und sofort verschwinden. Den Rest sehen wir dann«, flüsterte ich ihr zu.

Und es war wirklich verrückt: Kaum aus der Tierklinik raus, bewegte Buddy sich wie ein ausgewechselter Hund, ja wie befreit. Wahrscheinlich war er froh, unversehrt da herausgekommen zu sein. Und als wolle er uns beweisen, wie fit er schon wieder war, sprang er auf die Rückbank meiner E-Klasse. Dabei zog er sich mit den Vorderläufen hoch, um das noch geschwächte Hinterteil zu entlasten.

Echt, dieser tapfere Bursche war ein Charakterhund und Kämpfer. Beide waren wir eben Stehaufmännchen, der Buddy und ich.

Wir alle waren dem Tod noch einmal von der Schippe gesprungen – Sonja, Joanna und ich auf der Straße, Buddy ganz auf sich gestellt in der Wüste. Wir hatten in einer Nacht zwei Wunder erlebt.

P.S.: Der dortige Anwalt hat beste Arbeit abgeliefert und auch noch ordentlich Kohle für uns rausgeschlagen.

Ein lupenreiner Auffahrunfall – mein gelobtes Land meinte es wirklich gut mit uns.

Glück und Leid lagen nahe beieinander.

Leben war zerbrechlich, weshalb das Geschenk einer intakten Familie unbedingt gepflegt werden musste. Auch eigene Gesundheit, Talente und Chancen durfte man nicht leichtfertig aufs Spiel setzen oder als selbstverständlich abtun. Es waren dramatische Ereignisse wie die in Arizona, die einem das vor Augen führten.

Vielleicht ließen mich im Juli und August deshalb drei Ereignisse besonders sensibel aufhorchen. Da war die Fußballweltmeisterschaft in Brasilien. Sicher, der deutsche Sieg gegen Brasilien im Maracanã-Stadion brachte einen zum Jubeln und Feiern. Aber da war auch ein Mario Götze mit seinem Siegtor nach Verlängerung. Zum National-helden wurde er von den Medien aufgebaut, nur um in den Monaten darauf von denselben Medien und etlichen anderen Klugschwätzern und Neidern rücksichtslos in die Tonne getreten zu werden. Und warum das? Weil er den aufgeblasenen Erwartungen nicht entsprechen konnte.

Dann beging der geniale Komödiant Robin Williams Selbstmord. Alles hatte er erreicht, unvergessliche Filmauftritte in „Good Morning, Vietnam", „Good Will Hunting" oder „Zeit des Erwachens" hingelegt, einen

Oscar und zwei Oscar-Nominierungen abgeräumt, die Liebe und Verehrung eines Millionenpublikums auf seiner Seite gewusst.

Trotzdem hatte sich seine Seele in Depressionen verloren, war zerbrochen. Selbstmord, was für eine grausame, trostlose Wahrheit.

Es folgte Peter Scholl-Latour, der gnadenlos ehrliche Journalist, Auslandskorrespondent und Buchautor mit dem Hang zur Arroganz. Aber er hatte sie sich wenigstens leisten können, denn was er angepackt hatte, war anschließend meist preisgekrönt gewesen. Wer eine fundierte deutsche Expertise zu USA, Afrika, Nahen Osten, oder Südostasien gebraucht hatte, war an ihm kaum vorbeigekommen. Verstorben mit erst neunzig Jahren, was großartig war. Allerdings gab es in seiner Zunft niemanden sonst wie ihn, keinen mit der langen Erfahrung, keinen mit Ecken und Kanten, der Tacheles sprach, auch wenn es unbequem oder politisch unerwünscht war. Ich habe immer viel auf seine Expertisen gegeben, nun hinterließ Scholl-Latour ein Vakuum. Wieder war unsere Zivilgesellschaft ein Stück ärmer geworden.

Ereignisse wie diese stürzten mich nicht in seelisches Elend, nahmen mir nicht die Lebensfreude, aber sie machten mich nachdenklich und ließen mich mein Leben überdenken und im besten Sinne intensiver leben.

Am 13. Juni feierten die Karl-May-Festspiele im sauerländischen Elspe mit „Unter Geiern" Premiere. Neben der atemberaubenden Freilichtbühne sorgten auch diverse Nebenschauplätze auf dem Gelände für Furore, die via Leinwand zugeschaltet wurden. Ich durfte den Mormonenprediger Weller darstellen, der außerdem Anführer der Geier-Bande war. Einen geistlichen Ganoven zu geben, „Padre Iglesia de los Santos", das ließ mir viel kreativen Spielraum. Allerdings gab es jemanden am Set, der mir die Show doch ziemlich streitig machte: einen leibhaftigen Geier mit Flügeln von drei Metern Spannweite, der immerzu über uns kreiste. Aber halb so schlimm, mit Tieren teilte ich ja gerne.

Tja, in der Wüste von Arizona hatte man mir die Karre unterm Hintern weggeschossen, echte Klapperschlangen und Kojoten hatten im Verborgenen gelauert, und ein Sheriff Matt Dillon war mir hilfreich als Buddys Retter zur Seite gesprungen. Im Frilufttheater von Elspe war ich jetzt derjenige, der für Überfälle und Schießereien zuständig war, und Buddy wartete derweil wohlbehütet in der Garderobe. So schnell konnte sich das Blatt in diesem irdischen Leben wenden.

Das Jahr 2015 oder: Von Tristesse, Liebe und Wiederauferstehung

Es schien, als sollte es sich zu einem faden Jahr für mich entwickeln, das kaum mehr Inspiration bot und stattdessen gnadenlos offenbarte, wie sehr sich mein Leben im Kreis drehte. Karl-May-Festspiele und Piraten-Open-Air hatte ich bereits endgültig hinter mir gelassen. Irgendwo musste ich ja ansetzen, auch wenn mir Bad Segeberg, Elspe und Grevesmühlen viel gegeben hatten. Neues musste her. Aber am Horizont war nichts Neues von Substanz in Sicht, das mich künstlerisch herausgefordert und weitergebracht hätte. Privat war ich seit 1999 mit Sonja verheiratet und seit 2003 lebten wir auf Mallorca. Ich liebte Sonja und ich liebte Mallorca, aber auch das bot keine Abwechslung, keine spannende Entwicklung mehr. Alles war so normal und eingefahren geworden, harmonisch aber eben auch fade. Der abenteuerlustige, kreative, neugierige Semmelrogge wollte endlich wieder entfesselt werden, das ewige Kind in mir seiner grenzenlosen Fantasie und dem unbändigen Spielwitz wieder Zucker geben dürfen. Aber womit?

Theater, Film und Fernsehen boten mir vor allem Gewohntes und künstlerische Ödnis.

Vielleicht war es ja dieser Punkt im Leben, vor dem jeder irgendwann Angst hat und den beinahe jeder früher oder später durchlebt. Bin ich zu alt, nicht mehr gefragt oder traut man mir nichts mehr zu? Holen mich endgültig die Schatten der Vergangenheit ein, meine unüberlegte Torheit, die achtlose Verschwendung von Chancen? Sollte ich etwa dafür bluten, indem ich nur noch mittelmäßige bis grottenschlechte Angebote erhielt, die ich trotzdem nicht ablehnen konnte, um Essen auf den Tisch zu bekommen und überhaupt im Gespräch zu bleiben? Viele namhafte Künstler hatten schon vor diesem Dilemma gestanden, etliche waren daran zerbrochen.

Dabei fing es vielversprechend an.

„Die Rocky Horror Show" ging wieder auf Tour, und ich teilte mir die Rolle des Erzählers diesmal mit dem geschätzten Kollegen Sky du Mont im Wechsel. Mit diesem hatte ich ja schon 1981 in „Das Boot" gemeinsam vor der Kamera gestanden, er als Leutnant Müller, ich als 2. Wachoffizier. Auf den ersten Blick bot auch dieses Tournee-Engagement keine neue Herausforderung. Tatsächlich konnte ich mich aber auf ganz einzigartige Weise austoben – gewissermaßen als Comedian in direkter Interaktion mit dem Publikum. Da waren Spontanität und

Sprachwitz gefragt, weshalb sich jeder Auftritt anders gestaltete.

Ich stieg Mitte Januar im Düsseldorfer Capitol Theater ein, gefolgt unter anderem vom Berliner Admiralspalast im Februar, dem Deutschen Theater München im März und der Alten Oper Frankfurt im April, um Mitte August abschließend wieder im Berliner Admiralspalast aufzutreten.

Bis Oktober geschah nichts Erwähnenswertes mehr, und die eingangs beschriebene Unzufriedenheit mit meiner Lebenssituation nagte an mir. Es war ein Existieren zwischen Antriebslosigkeit und Rastlosigkeit, bis ich die letzten drei Monate des Jahres endlich wieder Theaterluft vor Publikum atmen durfte.

Als es so weit war und ich den arbeitslosen Oberkellner Eisenring in dem Drama, beziehungsweise der politischen Parabel „Biedermann und die Brandstifter" von Max Frisch verkörperte – in einer zeitgemäßen Inszenierung „des Patriarchen" – legte ich meine ganze Frustration hinein.

Ich tat, was jeder gute Schauspieler imstande ist zu tun, transformierte meine negativen Emotionen in Spielfreude, speiste damit diesen provokant grinsenden, zündelnden Feuerteufel in Frack und Lackschuhen, den ich zu spielen hatte.

In dieser Lebensphase hätte mir wohl kaum eine bessere Rolle in einem besseren klassischen Theaterstück zustoßen können – eine bitterböse Tragikomödie unter dem hochaktuellen Eindruck von ungeregelter deutscher Grenzöffnung, aufflammender Ausländerfeindlichkeit bis hin zu brennenden Flüchtlingsheimen aber auch zunehmender Ausländergewalt siehe Silvesternacht 2015/16. Genau wie ich stand die Gesellschaft in Deutschland vor Umbrüchen – gewaltigen Umbrüchen. Wie drückte ich es in einem Interview vor der Premiere bezüglich Wanderbewegungen in Europa aus: »Es ist ein tolles Stück und sehr aktuell zurzeit. Es geht um Bösewichte, die die Welt brennen sehen und den Menschen ihre Identität nehmen wollen. Überall hinterlassen wir im Stück brennende Ruinen, überall wird beschissen. Im Stück steckt ein schöner Sarkasmus – was ich liebe.«

Nach Auftritten im Theater 2 in Bad Godesberg gastierten wir bis ins Jahr 2016 hinein auf verschiedenen Bühnen in Rheinland-Pfalz und Nordrhein-Westfalen. Im Stadttheater Rheinbach, es war noch 2015, traf ich nach 2013 übrigens auch die Veranstalterin Regine Prause wieder – auch wieder in der Lobby. Dieses Mal war es aber kein Zufall. Sie hatte mich im Vorfeld angeschrieben und um ein ausführliches Fotoshooting gebeten.

Das Theater kämpfte jüngst mit einem Besucherrückgang.

Die Aufführungen sollten daher noch umfassender dokumentiert und beworben werden. Mich beeindruckte ihre professionelle Leidenschaft sehr, so wie die ganze Frau. Für Kasse und Kartenverkauf zeichnete sie außerdem noch verantwortlich, wie sich herausstellte. Ein echter Hans Dampf in allen Gassen … – oder müsste ich politisch korrekt Hannelore Dampf in allen Gassen sagen? Egal, ich bin nicht politisch korrekt. Was für mich zählte war, dass sie sich auch auf mich gefreut hatte, woran sie mich jedenfalls nicht zweifeln ließ.

Offenbar schwirrte ich bei besagtem Shooting – andere Ensemblemitglieder waren auch zugegen – auffallend viel um Regine herum. Das fand zumindest der allgegenwärtige Intendant des Theater 1 und zudem Kontrollfreak mit krächzender Stimme, der wie aus dem Nichts auftauchte: »Martin, lass jetzt mal die Frau da in Ruhe! Die muss arbeiten!«

Erstaunlich, wie schnell ein alter Mann am Krückstock sich noch vorwärts bewegen konnte, wenn er richtig motiviert war.

Nur hatte er dabei ganz übersehen, dass Regine gerade nichts anderes tat, als ihren Job zu erledigen. Ich tippte ja eher darauf, dass „der Patriarch" es übersehen wollte. Überhaupt hatte der es gerade nötig, wo er mit seinen über achtzig Lenzen selbst noch ein Womanizer vor dem Herrn war.

Seinen Abgang gestaltete er genauso wortgewaltig, indem er Regine noch wissen ließ: »Das macht der bei allen Frauen!«

Wir anderen konnten nur grinsen und widmeten uns wieder der Arbeit. Ja, „der Patriarch" war schon eine Marke, ein Original. Und wir beide kannten uns genau. Schon in „Das Geld anderer Leute", „Der Rosenkrieg" und „Die toten Augen von London" hatte ich unter ihm gespielt. Ich mochte ihn wirklich sehr. Nur Regine – die mochte ich noch mehr.

Nach der Aufführung saß ich in meiner Einzelgarderobe und musste zwangsläufig an sie denken. Ich vermisste nämlich mein Mobiltelefon. Das hatte ich ihr überlassen, um etwas von meiner Bühnendarbietung mitzufilmen. Jetzt war ich also fertig umgezogen, der Tourbus ins nahe Bad Godesberg wartete – und nun? Übrigens hatte ich vertraglich festhalten lassen, dass ich bei Fahrten im Tourbus immer vorne neben dem Fahrer sitzen durfte. Daran hat sich bis heute nichts geändert. Ja, ja, so verrückt bin ich. Aber das nur nebenbei, wir waren ja bei Regine und meinem Telefon. Die kam endlich eilig herbeigelaufen. Wir vereinbarten noch eine Nachbesprechung des erwarteten Zeitungsartikels zum Stück. So ganz ohne Publikum, Kamera und Scheinwerfer ließ ich mich fallen, wurde in ihrer Gegenwart ganz ruhig und schüchtern. So war ich, wenn ich mich nicht hinter lockeren Sprüchen und frechem Grinsen verstecken wollte. Und bei dieser Frau wollte ich es nicht. Zum Abschied umarmten wir uns, tauschten die Kontaktdaten aus. Ab da ging sie mir nicht mehr aus dem Kopf.

An dieser Stelle möchte ich auf den Anfang des Kapitels zurückkommen, nämlich darauf, dass ich Sonja noch immer liebte, mir das Leben mit ihr auf Mallorca aber keine Abwechslung, keine spannende Entwicklung mehr verhieß.

Es dauerte nicht lange, gerade einmal zwei oder drei Tage, und ich rief Regine an. Nur um mich über die Theaterkritiken zu erkundigen – wer's glaubt. Daraus wurde dann eine lockere Verabredung zum Essen bei nächster Gelegenheit. Wieder dauerte es nicht lange, aber diesmal rief sie aus Königswinter an, was nur einen Steinwurf von Bad Godesberg entfernt lag. Leider war es ein Sonntag, weshalb ich eine Nachmittagsvorstellung bestreiten musste. So wurde aus dem Beisammensein am Nachmittag eines am Abend – beim Mexikaner. Das wiederholten wir in den nächsten Tagen, allerdings in einem saugemütlichen spanischen Restaurant, das den rustikalen Charme eines Vereinsheimes verströmte – mit urigen Biertischen und flimmerndem Fernseher. Dort war ich zuvor schon mit meinem Schauspielkollegen und Freund Claude-Oliver Rudolph gewesen, der mir einen Theaterbesuch abgestattet hatte. Leckere Speisen zum

Niederknien, genau richtig für ein zweites Date mit Regine. Nichtsdestotrotz, meine Loyalität galt weiterhin Sonja. Sie und ich hatten uns auf Mallorca ein gemeinsames Leben aufgebaut, das bedeutete mir noch immer sehr viel. Aber Regine hatte sich einen Platz in meinem Herzen erobert. Sie brachte mir die Lebensfreude zurück. Durch sie fühlte ich mich wie neu geboren. Ich begriff, dass das Leben mir noch sehr viel zu bieten hatte, auf das ich hinarbeiten konnte. Das machte mich gelassener und ruhiger, ließ mich beruflich wieder Gas geben.

Zwei Frauen gleichzeitig zu lieben war nichts, wofür man sich zu schämen brauchte. Es war ein Schicksal, das ich mir nicht ausgesucht hatte. Irgendwann würde es einschneidende Entscheidungen erfordern, sicher, aber noch nicht jetzt oder in naher Zukunft. Ich war Schauspieler, vor allem anderen Schauspieler, darauf konzentrierte ich meine ganze Energie.

Das Gegenteil von Liebe, Nächstenliebe, Toleranz, Weltoffenheit, Gottesfurcht und Friedfertigkeit war das, was sich in Frankreich abspielte, nämlich menschenverachtender islamistischer Terror. Der Anschlag auf die Satirezeitschrift Charlie Hebdo am 07. Januar war so etwas wie das Startsignal. Al-Qaida-Extremisten drangen in die Redaktionsräume ein und ermordeten mehrere Menschen. In den Tagen darauf führte die blutige Spur weiter durch

Paris, es starben noch mehr Menschen – Geiseln, Polizisten, Terroristen.

Am 13. November kam es in Paris zu mehreren zeitgleichen Terroranschlägen. Mit Schusswaffen und Sprengstoffwesten wurden in einem Fußballstadion, einem Theater, in Cafés und Restaurants etwa 130 Menschen getötet, annähernd 700 zum Teil schwer verletzt. Daraufhin verhängte Frankreich dreitägige Staatstrauer sowie den Ausnahmezustand. Wenige Tage später forderte Frankreich Beistand im Rahmen der gemeinsamen EU-Sicherheits- und Verteidigungspolitik ein. Es betrachtete die Ereignisse als kriegerischen Akt. Und wer konnte noch ernsthaft leugnen, dass es sich um eine Kriegserklärung an europäische Lebensart, europäische Aufklärung und die Freiheit von Kunst, Kultur und Freiheitsrechte handelte? Als Kulturschaffender war mir schmerzhaft bewusst, was ein politischer Islam für diese Errungenschaften bedeutete, sobald er bei uns Wurzeln schlagen konnte.

Es war schon schizophren. Einerseits genossen die Drahtzieher hinter diesem Terror sehr wohl schnelle Autos, blonde Frauen und westliche Dekadenz, nutzten medizinischen Fortschritt und hochmoderne Technologien. Andererseits wollten sie zerstören, was sie selbst nicht erschaffen und geleistet hatten – das alles unter dem Deckmantel der Religion.

Unter dem Eindruck aktueller gesellschaftlicher Entwicklungen in Frankreich erschien auch der Roman „Unterwerfung" des französischen Schriftstellers Michel Houellebecq – ausgerechnet am Tag des Blutbades in der Satirezeitschrift Charlie Hebdo. In dieser politischen Fiktion geht es um ein Frankreich des Jahres 2022, in dem mittlerweile sogar ein islamischer Präsident regiert. Daran angelehnt wurde im Jahr 2018 ein deutsch-französischer Fernsehfilm mit meinem Schauspielkollegen Edgar Selge in der Hauptrolle ausgestrahlt. Es ist gut zu wissen, dass der Deutsche Film ab und an doch noch mehr zu bieten hat als seichten Humor, Drittes Reich und DDR-Diktatur.

Kunst und Kultur sind für eine fortschrittliche, aufgeklärte und tolerante Gesellschaft unverzichtbar. Sie markieren eine Grenzlinie zwischen Zivilisation und Barbarei. In dem Zusammenhang musste ich auch zweier großer Künstler der Filmgeschichte gedenken. Am 06. Mai wurde der 100. Geburtstag von Orson Welles gefeiert, dieses Ausnahmetalentes hinter dem Kultstreifen „Citizen Kane". 1938 hatte er bereits ein Hörspiel nach der Literaturvorlage von H. G. Wells inszeniert: „Der Krieg der Welten". – Die Folge seiner brillanten Umsetzung eines fiktiven Angriffs durch Außerirdische in New York war ein gigantisches Medienspektakel gewesen, was wiederum seine Karriere befeuerte hatte. Es gab sogar eine Parallele zwischen ihm und mir, oder richtiger, drei Jahre später würde es eine geben. Da würde ich nämlich den eitel intriganten „Jago" in Shakespeares „Othello" in Rheinland-Pfalz verkörpern. Orson Welles seinerseits hatte 1952 das Filmdrama „Orson Welles' Othello" sowohl produziert, als auch das Drehbuch dafür geschrieben, Regie geführt und darin selber die Hauptrolle gespielt – den dunkelhäutigen Othello.

100 Jahre alt wäre am 13. Dezember auch der „normannische Kleiderschrank" Curt Jürgens geworden, einer der wenigen deutschen Mimen von echtem Weltformat. Woher der Beiname? Brigitte Bardot hatte ihn einst wegen seiner beeindruckenden Statur und der kühlen Ausstrahlung als „normannischen Schrank" bezeichnet, woraus dann der „normannische Kleider-schrank" geworden ist. Unvergesslich seine schauspiele-rische Leistung in „Des Teufels General". Was wäre die „Luftschlacht über England" ohne ihn als Baron Maximilian von Richter gewesen oder „Der Spion, der mich liebte" ohne seine charismatische Vorstellung als größenwahnsinniger Antagonist Karl Stromberg? Am Wiener Burgtheater hatte er aber auch als Theaterschau-spieler Erfolge gefeiert. Außer, dass er wie ich am Theater, im Kino und in Fernsehserien gewirkt hatte, verband uns noch etwas anderes. Es hatte mit seiner damaligen Geliebten Marlene Knaus begonnen, die dann erste

Ehefrau des mehrmaligen Formel-1-Weltmeisters Niki Lauda geworden ist. Aus dieser Ehe ist ein Sohn mit Vornamen Lukas hervorgegangen. Ich, der ich Niki Lauda sehr gemocht habe, verpasste daraufhin meinem eigenen Erstgeborenen Dustin den zweiten Vornamen Lukas. Bitteschön, die Verbindung. Wie bitte? Zugegeben, eine mir fremde Geliebte als Bindeglied ist etwas dünn, aber wir sprechen immerhin über Curt Jürgens. Da nutzt man doch jede Verbindung, ich auf jeden Fall.

Das Jahr 2016 oder:
Honecker vor Augen und
Dieter Wedel am Apparat

Wir waren noch immer mit dem Theaterstück „Biedermann und die Brandstifter" auf Tour, nur dass ich mittlerweile nicht mehr im Tourbus mitfuhr, sondern in einem coolen AMG Mercedes mit Regine am Steuer – nunmehr die Frau meines Herzens. Bis zum nächsten Auftritt am 28. Januar im Brunnentheater in Helmstedt blieben noch zwei Tage. Wir waren frisch erblüht von der Liebe, und wie losgelöst von der Zeit fuhren wir kurzentschlossen hoch ins niederländische Zandvoort. Ein schönes Loft direkt am Strand – wir schwebten im siebten Himmel. Die Strecke von Zandvoort nach Helmstedt erwies sich allerdings als ziemlich zeitintensiv. Nur gut, dass wir schon recht früh gestartet waren. Bei Hengelo ging es noch zügig über die Grenze, dann kämpften wir uns von Stau zu Stau oder besser, wichen Staus über die Landstraßen aus. Endlich auf der A2, ging es über Hannover weiter bis kurz vor Helmstedt – wieder Stau. Die Blase drückte, Durst hatten wir auch – also runter von der Autobahn. Eigentlich steuerten wir ja die nächste

Raststätte an. Stattdessen wurden wir in einer Zeitschleife gefangen. Realität oder Einbildung, Tagtraum oder echte Durchgeknallte aus der Gegend um Helmstedt – das ließ sich nicht so ohne Weiteres beantworten: Ich traue meinen Augen nicht. Da steht einer, der dort nie und nimmer stehen dürfte – nicht im Jahr 2016.

»Regine, schau mal, da steht doch ein Vopo!? Der sieht ja aus wie der Honecker!«

Regine sitzt hinter dem Steuer und bemerkt den vollständig uniformierten DDR-Polizisten erst jetzt. Schon lotst der uns mit seiner Kelle in einen Parkbereich noch vor der Raststätte, wo wir einen der wenigen verbliebenen Parkplätze ergattern. Als wir neugierig aussteigen, dringt aus einem flachen Plattenbau Musik bis zu uns.

»Komischer Laden aber coole Mucke hier, hör mal«, packt mich die Begeisterung. »Regine, du tanzt doch so gerne nach Rumbazumba-Musik. Komm, da können wir bestimmt auch was trinken.«

Es scheint eine geschlossene Veranstaltung zu sein, aber man lässt uns rein. An einem langen Tisch sitzen längst vergessene Parteibonzen beieinander, alles ältere bis alte Männer. Ich erkenne ein zweites Mal die Züge von Honecker, Leonid Breschnew amüsiert sich mit reichlich Auszeichnungen am Revers, Egon Krenz grinst in seinem taubengrauen Anzug. Ich schaue mir die Klamotten genauer an. Verstaubtes Sozialisten-Design, dass einem die Augen brennen. Als Nächstes begutachte ich die Gesichter eingehender. Ach so, da sehen Hardcore-Fans aus wie ihre Vorbilder, verstehe, ähnlich, aber nicht identisch.

»Na was denn, kommt doch, setzt euch mit an den Tisch«, werden wir herzlich eingeladen. Ein anderer fragt, wer wir denn eigentlich sind.

Bei dem Anblick muss ich automatisch an „Biedermann und die Brandstifter" denken: »Ich bin Willi Eisenring und neben mir, das ist Lili Marleen. Wir bringen die Benzin-fässer.«

Das sorgt für reichlich Heiterkeit, warum auch immer. Regine und ich wiederum finden amüsant, dass die es amüsant finden. Zwei junge Stripperinnen erscheinen auf der Bildfläche – die eine mit Modellmaßen, die andere deutlich draller, aber beide äußerst gelenkig – und ziehen ihre Show zu rockiger Russen-Musik ab. Sie heizen den Lustgreisen richtig ein, rutschen auf ihnen herum, zeigen alles, was sie zu bieten haben. Ja, alles! Am Ende ziehen die sogar blank, präsentieren ihre russischen Kacheln von vorne und von hinten.

Mein Smartphone klingelt. Ich krame es hervor und wundere mich. Nanu, wieso gibt es vor 1989 so moderne Telefone? Als „der Wunderbare" alias „der Patriarch" mich plötzlich mit unverwechselbar krächzender Stimme zutextet, zweifle ich endgültig an dem schrägen Tagtraum:

»Martin, bist du schon im Theater?! Die warten auf dich, sind schon im Soundcheck!«

»Wir fangen doch erst um 20 Uhr an. Ist doch noch reichlich Zeit. Eigentlich sind wir ja auch schon in Helmstedt. Aber Regine wurde noch eingeladen, eine kesse Sohle aufs Parkett zu legen.«

»Du musst dich doch noch umziehen!«, hetzt der „Wunderbare".

Wenn der wüsste, aber ich kann ihn ja aufklären: »Ja, wir sind hier gerade noch beim Honecker eingeladen.«

»Na sag mal, was hast du dir denn eingepfiffen?!«

»Nein, viel schlimmer, wir sind in eine Zeitschleife geraten. – Oh, da drüben sehe ich den Jelzin. – Mach dir keine Sorgen, ich bin pünktlich da.«

Nach dem Telefonat denkt „der Patriarch" bestimmt: Auweia, das gibt's doch nicht! – Ich schaue Regine an: »Ich glaube, wir sollten langsam weiterfahren.« Im Hintergrund sehe ich Lenin von der Toilette kommen, im erbitterten Kampf mit seinem Hosenstall.

»Ach was, jetzt trinkt doch noch was«, legen die Sozialisten und Kommunisten von gestern und vorgestern ihr Veto ein. »Wo müsst Ihr denn noch hin?«

»Nach Helmstedt rein, das Theater anzünden. Aber keine Sorge, danach kommen wir mit den Fässern zurück, dann seid Ihr dran.«

Begleitet vom Gelächter der Männer in Wodka-Laune

verlassen Regine und ich das Fest der besonderen Art. Aus den Augen, aus dem Sinn, schon ist die Zeitschleife Vergangenheit …

Als wir im Hotel eintrafen, war das restliche Ensemble längst unterwegs. Schnell ging es weiter zum Theater, wo ich bereits fertig kostümiert in wehendem Frack aus dem Auto sprang, um rechtzeitig auf der Bühne zu stehen. Es traten ohnehin erst andere Charaktere auf, bevor ich als Oberkellner ade und verurteilter Brandstifter Willi Eisenring erschien, um Benzinfässer auf den Dachboden der Bühnenkulisse zu schleppen.

2016 war auch das Jahr, in dem ich in die „Wacken"-Familie aufgenommen wurde, dem Inbegriff der deutschen Hard-Rock-Szene – für mich als eingefleischtem Fan eine einschneidende Wegmarke. AC/DC, Alice Cooper, Ozzy Osbourne – seit jeher meine musikalische Kragenweite.

Im Frühjahr lud mich der Mitbegründer und Veranstalter des legendären Heavy-Metal-Festivals in Wacken – Holger Hübner – erstmals ein, auf der „Mein Schiff 2" der Reederei TUI Cruises mein „Rock & Read" aufzuführen, gemeinsam mit dem kongenialen Sänger und Gitarristen „Mutz". Ein Kreuzfahrtschiff voll mit hardcore Heavy-Metal-Fans, so ging es von Mallorca bis rauf nach

Norwegen. 33.000 Liter Bier nach den ersten zwei Tagen und trotzdem nichts zu Bruch gegangen. Nice and easy: Nicht lange schnacken, Wacken!

Scheiß auf Elvis und Keith Richards – Godfather of Heavy Metal ist Lemmy Kilmister!

Mich holte doch tatsächlich das Jahr 1973 wieder ein. Damals war ich im gesellschaftskritischen Spielfilm „Der Ruderclub" in meiner dritten Fernsehrolle zu sehen gewesen, rund um das damals bereits brisante Thema Anabolika. Regisseur war Dieter Wedel gewesen, der sich später mit Fernsehfilmen wie „Der große Bellheim" und „Der König von St. Pauli" oder auch als Festspielintendant in Worms und Bad Hersfeld einen Namen machen konnte. Es war kein Geheimnis, dass er sich mit dem Erfolg auch einen Ruf als jähzorniger Mensch mit Diktator-Allüren erarbeitet hat. Tatsächlich hatte ich Ansätze davon schon 1973 beobachten können. Fairerweise muss ich aber hinzufügen, dass ich mit Wedel gut klargekommen war, vermutlich auch, weil es keine Angriffsfläche für ihn gegeben hatte. Ich war immer auf den Punkt vorbereitet gewesen, hatte mich nie aus der Fassung bringen lassen.

Dass ich mich im Vorfeld einer Bettszene mit einer reizvollen Schauspielstudentin gut eingestimmt hatte, ließ ihn nur süffisant lächelnd feststellen: »Na, Ihr habt euch ja schon ganz schön angefreundet.«

Kurz zuvor hatte er sich noch lautstark an einem Schauspielkollegen abgearbeitet, gnadenlos Klappe um Klappe eine Szene wiederholen lassen – bestimmt zwölfmal oder mehr: »Sie haben das so zu machen, wie ich es Ihnen sage!« Immer wieder hatte er ihm den entscheidenden Satz vorgekaut: »Das Leben ist kein Honigschlecken, sondern eine Nackenschelle!«

Danach habe ich nie wieder mit Dieter Wedel gedreht, was ich sehr bedauerte. Für mich war er ein großartiger Regisseur, der in seinen Werken immer Tiefgründiges mitzuteilen hatte. Und dann klingelte im Jahr 2016 auf Mallorca mein Telefon. Der Anrufer war kein Geringerer als Dieter Wedel höchst selbst. Genau wie ich, lebte er auf Mallorca, wo wir uns auch einmal zufällig über den Weg gelaufen waren. Mittlerweile war er Festspielintendant in Bad Hersfeld. Nun wollte er im kommenden Lutherjahr 2017 das Stück „Martin Luther – Der Anschlag" aufführen. Der 500. Jahrestag des Anschlags der 95 Thesen durch Luther war der logische Anlass. Und mich wollte er dabeihaben.

Mega, nach so vielen Jahren. Meine Freude war riesengroß. Er bat mich auch gleich zum Gespräch in sein Haus, wo ich den engen Mitarbeiter Joern Hinkel kennenlernte, seinen langjährigen Regieassistenten und insgesamt große Unterstützung bei den Inszenierungen sowie der Auswahl der Schauspieler.

»Der ist wie meine Ehefrau, wir haben bloß keinen Sex«, umschrieb Wedel die Wichtigkeit dieses Mannes für ihn. Im Jahr 2018 ist Hinkel dann selbst Intendant der Bad Hersfelder Festspiele geworden.

Die Hauptrolle war schon mal keine Option. Für diese hatte er bereits vier hochkarätige Darsteller im Blick. Der eigentliche Clou der Inszenierung sollte nämlich darin bestehen, Luther in verschiedenen Lebensphasen und mit allen Facetten seines Charakters in Szene zu setzen – eine unkonventionelle, mutige Herangehensweise – ganz Wedel, wie ich ihn mochte.

In einem Interview begründete er das so: ,Widersprüchlichkeit macht bekanntlich einen Charakter interessant, aber bei Luther sind die Widersprüche so gewaltig, so scheinbar unvereinbar, dass man den Eindruck hat, immer wieder verschiedenen Luthers zu begegnen.'

Auf meine Frage, welche Rolle denn für mich vorgesehen sei, nannte mir Joern Hinkel verschiedene Alternativen, die noch nicht final besetzt seien.

Ich erhielt das Drehbuch und versprach, es zeitnah zu lesen.

Für das anschließende Casting hatte ich mich recht schnell auf eine Rolle eingeschossen, die aus meiner Sicht enormes Potenzial hatte, mit der ich würde punkten können. – Wenn man es Eitelkeit nennen will, dann besteht die bei einem guten Schauspieler immer auch darin, unbedingt brillieren zu wollen. In dieser Hinsicht muss ich mich schuldig bekennen. – Meine Wahl war auf den dominikanischen Ablassprediger Johann Tetzel gefallen, einen richtigen Drecksack.

Nun musste ich also für das eine oder andere vorsprechen, erhielt dazu ergänzende Regieanweisungen und lieferte, wie ich meine, eine recht ordentliche Vorstellung ab.

»Ich würde aber gerne den Tetzel spielen«, legte ich mich ins Zeug.

»Warum?«, erwiderte Dieter Wedel wenig begeistert.

Das ließ mich umso entschlossener argumentieren: »Ja, warum, dieser verschlagene Typ passt zu mir, mit dem kann ich punkten. Auch wenn er nicht unbedingt ein Sympathieträger ist, kann ich ihn zum Publikumsliebling machen.«

»Die Rolle ist aber schon besetzt«, fuhr mir der Hinkel in die Parade.

Ich wusste ja, dass auch mein Kumpel Claude-Oliver Rudolph zum Ensemble gehören würde und ahnte die Faktenlage: »Ja, ist klar, den spielt bestimmt der Claude.« Mit Mühe schluckte ich meine Enttäuschung runter: »Der Claude ist ja auch ein Guter, der passt schon auf die Rolle. Soll der den halt spielen.«

Nach diesem Casting war Funkstelle. Weder die Besetzung des Tetzel wurde neu überdacht, noch trugen mir Wedel und Hinkel eine andere Rolle an. Wenn er mich nicht will, selber schuld, schmollte ich in meinem verletzten Stolz vor mich hin.

Aber es verhielt sich ganz anders. In einem klärenden Gespräch mit Wedel fiel der alles entscheidende Satz: »Ich mache den Hitchcock-Klassiker „39 Stufen" mit dem Majowski, und da kannst du 18 verschiedene Rollen spielen – auch den Bösewicht.«

Anfangs war ich unsicher, aber Sonja bestärkte mich: »Doch, doch, mach das mal, du 18 Rollen, der Majowski 18 Rollen, das wird super.«

Damit war klar, ab Juni 2017 würde ich endlich wieder mit Dieter Wedel zusammenarbeiten, im Schloss Eichhof in Bad Hersfeld.

Mit Wedel als Intendant der Festspiele war das Feld bereits bestellt, darauf konnte ich mich verlassen. Seit 2015 hielt er dort die Zügel in Händen, hatte seither gute Sponsoren herangeholt, von Land und Bund Fördergelder generiert.

Das Erfolgsmusical „May Fair Lady" stand 2016 auf dem Spielplan, 2017 neben „Martin Luther – Der Anschlag" und „39 Stufen" auch das Musical „Titanic".

Eigentlich konnte mit Wedel nichts mehr schiefgehen, eigentlich, denn erstens kam es bekanntlich anders und zweitens als man denkt. Aber darüber mehr im nächsten Kapitel.

Was hatte denn die Tagespresse zwischenzeitlich so zu bieten:

31. März – ein gewisser Böhmermann, seines Zeichens Satiriker, brachte den türkischen Staatspräsidenten Erdogan in unappetitliche Verbindung mit Ziegen – vermutlich anatolischen. Darauf sollte dann ja noch ein langer Ziegenbart an Ermittlungs- und Gerichtsverfahren, ja sogar eine Klage gegen die Bundesrepublik Deutschland folgen. Was daraus geworden ist, wusste irgendwann kein Mensch mehr, war auch egal. Böhmermann hatte sich medial ins Gespräch gebracht, Merkel etwas Pseudo-Staatsmännisches abgesondert und Erdogan sich zum beleidigten Osmanen aufgeplustert – jedem das seine. So ein Wirbel um ein Schmähgedicht – mit dem Pamphlet bewies der junge Anzugträger schon Eier und rockte das Land.

Irgendwie gefiel mir das. Die bleibende Frage war nur, durfte sich eigentlich alles und jeder hinter dem Etikett „Satire" verstecken, oder kamen nur politisch genehme Gesellen in den Genuss dieses Freifahrtscheins?

Okay, genug der Tagespresse, das nächste Projekt wartete auf mich.

Liebe Fußballfans, kennt Ihr den Berliner Kreisliga-Club „SBC Torpedo"? Nicht, ach was. Na gut, ich kläre mal auf: 2016 hatte der seine vier Heimspiele im Programm des privaten TV-Senders Tele 5. Als Clubpräsident Joe Teffla gab ich alles, um mit extravaganten Methoden für Erfolg in dem Verein zu sorgen. Damit war ich zurück auf den Fernsehbildschirmen – in einer Hauptrolle, meine ich. Warum gerade in diesem Komödien-Mehrteiler „Dit ist Fußball"? Zunächst einmal war dafür die klassische Konstellation gutes Drehbuch, Hauptrolle mit Potenzial und tolles Team verantwortlich. Gute Stoffe und Drehbücher waren in Deutschland im Allgemeinen rar gesät, und ein Ensemble mit so spannenden Typen wie Oliver Kalkofe oder meiner Tochter Joanna taten den Rest. Mich machte auch die Vorstellung an, wieder etwas vom einstigen Charme des Volkssports Fußball in die Wohnzimmer zu tragen, weitab vom alles beherrschenden Kommerz.

Deutsche Comedy-Formate haben in diesem Land aber schon immer einen schweren Stand gehabt. Der Erfolg war somit alles andere als vorprogrammiert. Umso mutiger war der Versuch aller Beteiligter. Oliver Rieche hatte an der Konrad Wolf Filmuniversität Babelsberg studiert und die Idee zu der Serie entwickelt sowie die Drehbücher geschrieben. Ein Hersteller von Fotovoltaikanlagen hatte sich als Hauptsponsor eingebracht. Ansonsten bestand das Team größtenteils aus hervorragend ausgebildeten Studenten der Filmuniversität in Babelsberg. Ich arbeitete ohnehin sehr gerne mit jungen Leuten zusammen. Die inspirierten mich durch ihre Frische und Experimentierfreudigkeit und profitierten dafür gerne von meiner Erfahrung als alter Hase. Ich fühlte mich im besten Sinne herausgefordert, eine Win-Win-Situation.

Wir drehten am Rande Berlins, und ich wohnte für diese Zeit auch im ländlich gelegenen Stadtbezirk Gatow mit seinen schönen Häusern und Villen. Wie jeden Tag, ging ich dort gerade mit meinen beiden Hunden spazieren, als mich eine elegante, ältere Dame mit aufwendig frisierten blonden Haaren und Goldkettchen an der Brille freundlich lächelnd ansprach: »Guten Tag, wir haben uns doch schon einige Male beim Spazierengehen getroffen.«

Es handelte sich um eine Dame mit Niveau, das war nicht zu übersehen und nicht zu überhören. »Guten Tag. Ja, ich denke auch«, bestätigte ich angetan.

Sie stellte sich mit vollem Namen vor und auch gleich ihren Ehemann, einen Ingenieur. Ich tat es ihr gleich und erwähnte dazu noch, dass ich eigentlich auf Mallorca lebte, worauf sie lachend abwinkte: »Weiß ich doch. Wir sind auch oft auf Mallorca. Was hat Sie denn hierher verschlagen?«

»Ich drehe eine Fußballserie. „Dit is Fußball" heißt die. Erst mal drehen wir vier Folgen mit vier verschiedenen Regisseuren.«

»Ach«, war meine Gesprächspartnerin sofort begeistert, »eine Fußballserie? Mein Sohn Ingo besitzt einen Fußballclub auf Mallorca.«

Ich war verblüfft: »Was, echt?«

Der Name des Clubs haute mich aus den Socken: „Atlético Baleares" aus der Hauptstadt Palma, der immerhin in der dritthöchsten spanischen Fußballliga spielte – und das sehr erfolgreich. Und ihr Sohn war dort Präsident, außerdem Inhaber einer Softwarefirma und mehrerer Hotels.

Nach dieser Begegnung drehte ich die vier Folgen von „Dit is Fußball" zu Ende. Zurück auf Mallorca, nahm ich Kontakt zum Clubmanager, zum Marketing Chef und natürlich zum Präsidenten Ingo auf, der Sonja und mich auch gleich zum Essen einlud. Ich hatte dabei einen konkreten Hintergedanken. Sollte die Fußballserie beim Publikum gut ankommen und weitere Teile produziert werden, würde man doch vielleicht ein Trainingslager auf Mallorca bei Atlético Baleares inszenieren können. Man hätte vor Ort alles, was man bräuchte. Für die Serie wäre es ein Quotenbringer und für den Club tolle Eigenwerbung. Mallorca zog immer. Der eine oder andere zusätzliche Sponsor würde ganz sicher auch noch an Bord kommen. Fortan ging ich jeden Sonntag ins Stadion, wenn „meine Jungs" in Palma spielten, und blieb freundschaftlich mit dem Club-Präsidenten Ingo verbunden.

Das Problem der Filmindustrie in Deutschland war weniger die Qualität der Ausbildung als vielmehr der Mangel an Geld. Also machte ich Geld nicht zu meinem entscheidenden Thema, wenn ich damit womöglich einen angehenden zweiten „Tarantino" unterstützen konnte.

Über Jahrzehnte hatte ich von der deutschen Filmindustrie profitiert, ich war bereit auch zurückzugeben. Und in diesem konkreten Fall hätte ich eben noch zusätzliche Sponsorengelder generieren können. Nur leider machte uns das mangelnde Interesse des deutschen Fernsehpublikums einen Strich durch die Rechnung.

Der Vierteiler wurde nicht mit ausreichend Einschaltquote belohnt. Comedy-Formate mit Herz und Verstand blieben halt ein schwieriges Pflaster in deutschen Landen. Alles eine Frage der schnellen Quoten und Profite.

Abgewählt wurde auch woanders.

Das Referendum zum Verbleib Großbritanniens in der EU geriet am 23. Juni zum Desaster. Moment mal, für wen eigentlich? Das britische Volk hatte sich mit 51,9 % für ein Ausscheiden aus der europäischen Staatengemeinschaft entschieden. Denkbar knapp, okay, aber nach festgelegten demokratischen Gepflogenheiten. Sicher, ein Nigel Farage oder Boris Johnson hatten geifernd und Zähne fletschend die Notwendigkeit einer Trennung herbeigeredet, aber wo waren die überzeugenden Gegenreden des Premierministers David Cameron und seiner Conservative Party geblieben?

Die Wähler waren erwachsen, frei in ihrer Entscheidung und mit dem Bildungsstand eines westlichen Industrielandes ausgestattet gewesen. Möglicherweise steckte einfach noch zu viel Empire-Denken in zu vielen britischen Köpfen. Die Vorstellung, sich mit Kontinentaleuropa permanent abstimmen und sich gegen den eigenen Willen unterordnen zu müssen, bedeutete für die Mehrheit dieser Menschen auf einer Insel und mit stolzer Tradition vielleicht eine zu große Zumutung.

Schon wurden die ersten Forderungen nach einem weiteren Referendum laut – aus der EU aber auch Großbritannien selbst. Ein zweites Referendum, womöglich noch ein drittes, solange, bis das Ergebnis den EU-Eminenzen und anderen Kräften recht wäre? Würde das ernsthaft das Bild von Demokratie sein, welches man in die Welt tragen wollte?

Für alle würde das Leben auch ohne die Briten in der EU weitergehen, und niemand am Verhandlungstisch des Brexits hätte es als Gesichtsverlust aufzunehmen brauchen. Leider geschah genau das: Verletzte Eitelkeit und Säbelrasseln auf allen Seiten.

Ich hatte mir den Brexit nicht gewünscht, er kotzte mich sogar an. Aber was sich nach dem Ergebnis des Referendums auf politischer Ebene abspielte, das war unserer unwürdig. Ich dachte eingehender darüber nach. Eine Sache hatten die Engländer und ich definitiv gemeinsam. Wir ließen uns ungern von anderen Vorschriften machen, schon gar nicht von den Deutschen.

Das Jahr 2017 oder:
Wedel oder nicht Wedel,
das ist hier die Frage

In diesem Jahr übernahm Claudia Neidig meine künstlerischen Geschicke. Mit ihrer Schauspielagentur machte sie einen großartigen Job und war genau das, was mir zu meiner neuen Lebens- und Spiellust noch gefehlt hatte. Nach der Zusammenarbeit mit der Agentur Verena de la Berg war ich ja einige Jahre recht gut ohne Agentur zurechtgekommen. Klar, wenn man gefragt ist, gibt es schnell auch einen Draht zu Produzenten und Intendanten, die dann gerne direkt auf einen zukommen. Man wird problemloser gebucht, zähe Verhandlungen sind eher die Ausnahme. Aber früher oder später klopft bei jedem Schauspieler der Karriereknick an.

Claudia Neidig schenkte mir ihr Vertrauen, verschaffte mir neue Seriosität durch ihren guten Namen aber auch durch das Entstauben meines Images. Sie verfügte zudem über ein wertvolles Netzwerk. Ihr immenser Fleiß und ein sehr gutes Händchen für ihr Personal machten all das möglich, zweifellos auch die langjährige Erfahrung als Theater- und Fernsehschauspielerin. Mir war es eine

Pflicht und ein tiefes Bedürfnis, sie in keinster Weise zu enttäuschen – weil ich gereift, dankbar und ein loyaler Mensch war, und einfach, weil wir uns sofort sehr gut verstanden. Das wiederum war kein Wunder, beide Sternzeichen Schütze, beide auf eine gute Art crazy, keinesfalls spießig aber in beruflicher Hinsicht unbedingt seriös und zuverlässig.

Ich erinnere mich noch gut an das entscheidende Telefonat: »Was denkst du? Meinst du, wir könnten zusammenarbeiten?«, wollte ich wissen.

»Na klar, warum nicht«, kam es gutgelaunt zurück. »Zwischendurch habe ich mit Robby Heinersdorff gesprochen. Der hat auch gesagt, du bist ein Guter.«

René Heinersdorff, wie er eigentlich hieß, war erfolgreicher Schauspieler und ein ebenso erfolgreicher Theaterdirektor, dem das „Theater an der Kö" in Düsseldorf gehörte. Ich war dort des Öfteren aufgetreten. Wir kannten und mochten uns, menschlich wie beruflich.

Liebe Claudia, falls du das lesen solltest, dann weißt du wie kaum ein anderer Mensch in unserem verrückten Geschäft, dass jedes meiner Worte zu deiner Person auch so gemeint ist, weder übertrieben noch anbiedernd. Mit sicherem Instinkt hast du meine Qualitäten erkannt und meine arg befleckte weiße Weste aus der Vergangenheit Vergangenheit sein lassen. Du hast alles, was eine tolle Frau und eine ebenso tolle Agentin auszeichnet.

Danke, dass es dich gibt.

Los ging's, alles stand im Zeichen von „39 Stufen" auf den Festspielen Bad Hersfeld unter dem Kommando von Dieter Wedel. Nein, nein, passt schon, „Kommando" ist das richtige Wort. Man sollte die Dinge ruhig beim Namen nennen.

Seine jüngste Luther-Inszenierung war toll und zurecht ein großer Erfolg gewesen. Ganz hervorragend inszeniert, mit Videoleinwand und anderen Finessen. Und das, obwohl er sich mit dem gefeierten Wiener Burgschauspieler Paulus Manker in der entscheidenden Probe überworfen hatte. Da hatten sich scheinbar die beiden Richtigen gefunden. Manker, der den Wutbürger Luther verkörpern sollte, war wohl im Vorfeld schon den Journalisten unwillig bis unfreundlich entgegengetreten, soll dann während der Generalprobe Regieanweisungen verweigert und zornig die Bühne verlassen haben – wie zu hören und lesen war, nicht die einzige Entgleisung. Wie immer, hatte es auch hierbei zwei Seiten der Betrachtung gegeben. Laut Manker soll der Intendant und Regisseur ‚in völlig indiskutabler, aggressiver und beleidigender Manier die letzte Szene des Stückes kritisiert' haben, worauf er Wedel wohl an den Kopf geworfen hatte, dieser würde sich wie ein nordkoreanischer Diktator aufführen und was er mache, das sei schlimmer als Hundepisse. Es war nun einmal nicht die Art eines Dieter Wedel, Gefangene zu machen, also hatte er seinen Hauptdarsteller für den Luther daraufhin gefeuert – den Einen von Vieren – einen Tag vor Eröffnung der Festspiele. Daraufhin hatte Christian Nickel zwei der vier Luther-Rollen übernehmen müssen und einen sehr guten Job gemacht.

Persönlich sagte mir Dieter Wedel zu dem Eklat: »Ich hätte den Manker schon viel früher rausschmeißen sollen. Das war mein Fehler, dass ich so lange gewartet habe.«

Wedel hatte schon was von einem wenig zartfühlenden Kommandanten. Aber seine künstlerischen Erfolge sprachen für sich, das musste man ihm hoch anrechnen. Und wie schon geschrieben, persönlich kam ich mit ihm gut zurecht und er mit mir.

Die Probenzeit zu „39 Stufen" war schon recht weit fortgeschritten – mittlerweile hatten Markus Majowski und ich je 19 Rollen zu spielen, und insgesamt mussten wenige Schauspieler annähernd 100 Rollen bewältigen – als Wedel in seiner Eigenschaft als Intendant der Festspiele das erste Mal vorbeischaute. Regie führte in dieser Inszenierung nicht er selbst, sondern der talentierte Patrick Schimanski. Ich weiß noch, wie ich ihn darauf hinwies, dass der zweite Teil des Stückes meiner Meinung nach zu lang sei, man es besser auf 45 Minuten kürzen solle, weil einem ansonsten die Zuschauer abspringen würden. Den Kopf hat Wedel mir dafür nicht abgerissen. Warum auch, ich sagte es mit dem nötigen Respekt aber auch dem nachdrücklichen Ernst eines langjährigen Profis.

Es war wohl schon die Generalprobe, als er dem Ensemble einen weiteren Besuch abstattete. Die Nervosität meinen Kollegen im Angesicht der strengen Autorität war deutlich spürbar. Ich bin nun einmal hoffnungslos harmoniebedürftig.

Auch in der Situation wollte ich die Stimmung auflockern, wollte erreichen, dass sich alle wohlfühlen. Dafür nutzte ich meine schärfste Waffe, den Humor. Wie vorteilhaft auch, dass ich von Hause aus mit genügend Selbstbewusstsein gesegnet bin und Spontanität mein „zweiter Vorname" ist. Lautstark wies ich auf meine „schönen" Beine hin und bat um besonderes Augenmerk auf die „strammen" Waden. Schön oder nicht schön, wie stramm auch immer, mein Ziel hatte ich jedenfalls erreicht und reichlich Spaß dabei. Genauso, wie in dem Stück selber. Wen und was ich nicht alles darstellte: Inspektor, Conférencier, Milchmann, Platzanweiser, Hotelbesitzerin, ein Stück Morast, eine Straßenlaterne … – Ja, Sie haben richtig gelesen, Morast und Straßenlaterne. Ist schließlich ein englischer Krimi nach Hitchcock, skurriler englischer Humor inklusive.

Was glauben Sie denn, wie ich auf meine 19 Rollen gekommen bin?! Mein Bösewicht war außerdem so ein „Dr. No"-Verschnitt – der Wahnsinn.

»Wir machen hier ernsthaften Nonsens, können unsere Craziness gemeinsam voll ausleben«, fasste ich das anstehende Bühnen-Feuerwerk dann auch in einem Interview zusammen.

Nach der Aufführung geschah etwas Denkwürdiges. Ich saß gerade in der Garderobe, um mich unter Zeitdruck umzuziehen. An die Premierenfeier war nicht mehr zu denken. Mein guter Freund, der Liedermacher und Musikmanager Michael Jürgens, wartete schon draußen, um mich zu den Dreharbeiten für „Tal der Skorpione" zu fahren.

»Der Wedel will dich noch sehen«, ließ er mich wissen, während er aufgeregt in die Garderobe stürmte.

»Dann soll er doch zu mir in die Garderobe kommen«, erwiderte ich überrascht.

Aber „Maika" schüttelte energisch den Kopf: »Ich habe doch gehört, wie der Fahrer zu dem Wedel gesagt hat, sie müssten jetzt fahren. Und der Wedel hat geantwortet: ‚Nein, wir warten, ich muss erst mit dem Semmelrogge reden!'«

Wow, das war natürlich etwas anderes. Jetzt beeilte ich mich erst recht, um Dieter Wedel nicht unnötig warten zu lassen.

»Sie haben mich sehr beeindruckt, wirklich sehr gut gemacht«, lobte der mich ohne Umschweife. »Leider haben wir diesmal nicht direkt zusammengearbeitet, also nicht unter meiner Regie. Aber nächstes Jahr würde ich das gerne machen.«

Positiver hätte keine Medienkritik ausfallen können. Ich war gerührt, brachte das aber wie gewöhnlich auf meine ganz eigene Art zum Ausdruck: »Ja, okay, das war jetzt der Schnupperkurs. Machen wir nächstes Jahr was zusammen.«

Dazu kam es dann nicht mehr, weil er im Januar 2018 in den Strudel der MeToo-Debatte geriet, sich schweren Vorwürfen mehrerer Schauspielerinnen und ehemaliger Mitarbeiterinnen ausgesetzt sah und noch im selben Monat als Intendant der Bad Hersfelder Festspiele zurücktrat. Für ihn übernahm sein langjähriger Mitarbeiter Joern Hinkel, den ich auch sehr mochte. Für die Festspiele 2018 wurde ich nichtsdestotrotz engagiert als stotternder Handwerker Wabash in „Shakespeare in Love" sowie als Mäusekönig Roderich der 28. in „Lenas Geheimnis – Von Menschen, Mäusen, Zauberwesen".

Mit 87 Jahren nahm der verdiente und streitbare Alt-Bundeskanzler Helmut Kohl seinen endgültigen Abschied. Schon seltsam, da hatte dieser Mann 16 Jahre lang die Geschicke Deutschlands gelenkt, hatte die deutsche Wiedervereinigung sowie die europäische Integration von EU bis Euro federführend mitgestaltet, aber was mir zuerst einfiel war seine zweite Ehefrau, die die letzten Jahre seines Lebens wie eine böse Gouvernante kontrolliert und seine Vertrauten nach und nach ausgesperrt hatte. So konnte man einem Menschen auch sein Lebenslicht ausblasen. Furchtbar, das wünschte man seinem ärgsten Feind nicht. Aus einem Büro des Kanzleramtes – als promovierte Beamtin für Wirtschaftsfragen – ins Rampenlicht neben Helmut Kohl. Wer von den beiden wohl den Kürzeren gezogen hatte? Ich habe da so meine Theorie.

Im Kölner Musical Dome feierte im Oktober die Rocky Horror Show Premiere im Rahmen der Spielzeit 2017/18. Sky du Mont und ich als die Veteranen unter den Erzählern wurden erstmals um einen weiblichen Erzähler ergänzt – Annette Frier. Vor uns lag ein extremes Pensum, an dem ich alleine schon mit fünfzig Shows beteiligt war.

Das Jahr 2018 oder:
Der Othello – Drama auf
und neben der Bühne

Es war definitiv mein Jahr des Theaters. Noch während der „Rocky Horror Show" sollten eigentlich die Proben am Theater 1 in Neuwied beginnen, wo der mir vertraute Intendant, „der Patriarch", mich für Shakespeares „Othello" engagieren wollte – für die Rolle des „Jago", jenes unzufriedenen Fähnrichs des Othello, der ein vollendeter Intrigant ist, wo nötig Mitleid heuchelt und Treue vorgibt, ein Verräter gegen Jedermann ohne jedes Schuldbewusstsein. Kurz gesagt, ich sollte die Ausgeburt des Bösen verkörpern.

Nachdem wir bereits mehrfach erfolgreich zusammengearbeitet hatten, schwebte ich ihm außerdem für die Rolle des Mephisto vor. Zunächst nur eine Idee, aber zumindest schon so konkret in seinem Kopf, dass er mir eine DVD mit Folker Bohnert in der Rolle des Mephisto unter seiner Regie gab. Folker Bohnert wiederum war mein erster Regisseur gewesen, im Jahr 1971. Gerade einmal fünfzehn Jahre alt – was war das lange her. „Alter" war das richtige Stichwort. Ohne Frage, die Rolle des Mephisto wäre schon ein Traum gewesen, aber in einer Inszenierung „des Patriarchen"? Verständlich, dass er gerne noch einmal Regie führen wollte, aber mir war er langsam zu verbohrt auf seine alten Tage. Seine Ära war auch vorbei. Gesagt habe ich ihm das nicht, das wäre mir nicht über die Lippen gekommen.

Gesagt habe ich ihm ganz andere Sachen, zum Beispiel, dass er meine Schauspielkollegen scheiße behandelte. So waren wir einmal im Theater im Kurhaus Freudenstadt aufgetreten. Ich war in einem schönen Hotel untergebracht, die anderen wurden dafür im schäbigsten Haus am Platz einquartiert. Zwei Jahre zuvor war ich dort selbst noch unter Protest ausgezogen. Dabei hätte ich für die ganze Truppe einen Vorzugspreis in meinem Hotel arrangieren können, weil die Chemie zwischen dem Hoteldirektor und mir stimmte. „Der Patriarch" hätte kaum draufzahlen müssen, aber er hat eben nicht gewollt. Als wir 2015/2016 mit „Biedermann und die Brandstifter" auf Tour waren, quartierte er ein Ehepaar, welches jeweils eigene Rollen zu spielen hatte, in einem Doppelzimmer ein – ein Tabubruch, denn Schauspieler benötigen für Ruhe und Vorbereitung eigene Zimmer. Selbstverständlich war ihm das als altem Theaterhasen bewusst gewesen. Aber er knauserte, bis es knirschte im Gebälk. Das gehörte zu den Dingen, die mich zur Weißglut treiben konnten. Harmonie war mir zwar wichtig, aber nicht, wenn es mit meinem

Gerechtigkeitssinn kollidierte. Also habe ich ihn daraufhin als Geizhals und Pfennigfuchser beschimpft. So hatte bis dahin noch niemand mit ihm gesprochen, entsprechend verletzt ist er gewesen. Letztlich fanden wir aber wieder zusammen, und nun sollte eigentlich der „Othello" in Angriff genommen werden.

Doch Geld wurde schnell wieder ein Thema, nämlich als er mich in meiner Gage empfindlich drücken wollte. Dabei hatte ich zwei gewichtige Argumente auf meiner Seite. Die noch laufende „Rocky Horror Show" brachte mir bei weniger Arbeitsaufwand deutlich mehr Gage ein, und meine vergangenen Auftritte unter „dem Patriarchen" hatten ihm in der Regel volle Häuser und sehr gute Kritiken beschert, sowohl im Theater 1 in Neuwied als auch auf Tournee.

»Nein! Von mir aus bezahlst du mir für die Auftritte im Theater 1, was du mir da vor drei Jahren bezahlt hast, aber für die Tournee will ich meine aktuelle Forderung. Mit meinem Namen wird sich auch der „Othello" gut verkaufen. Wenigstens von den anderen Veranstaltern will ich mein Geld haben. Meine Forderung ist auch nicht unverschämt.«

Es wurde ein Gezerre, Pokern und Gewichten ohne zufriedenstellende Annäherung. Also sagte ich ab. Sollte er mal machen. Mal sehen, was die Partner-Theater dazu sagen würden. Es dauerte gar nicht lange, und meine

Agentin Claudia Neidig rief an, um mir mitzuteilen, dass er meine Tochter Joanna als „Desdemona" besetzt hätte. Sieh an, wenige Jahre zuvor hatte er sie gar nicht so prickelnd gefunden. Seither war sie aber in Häusern wie dem Ohnsorg-Theater in Hamburg und der Komödie am Kurfürstendamm aufgetreten, hatte dort überzeugt und sich einen Namen gemacht. Vor meiner Absage hatte er trotzdem nicht an sie gedacht. Ging es ihm jetzt nur um den Namen Semmelrogge? Gleichzeitig engagierte er einen jungen Theaterschauspieler – ein unbeschriebenes Blatt, den kaum einer kannte – der die Rolle des „Jago" von mir übernehmen sollte. Dazu hatte er noch einen Regisseur verpflichtet, der zuvor als Intendant von Festspielen irgendwo in Unterfranken in Erscheinung getreten war.

Wie erwartet, zogen diese neuen Namen offenkundig keine Wurst vom Teller, denn „der Patriarch" kam erneut auf mich zu. Ich solle doch bitte zusagen, er würde mir die geforderte Gage auch zahlen.

»Warum so plötzlich?«, wollte ich den Grund für diesen Sinneswandel aus seinem Mund hören.

Er räumte ein, dass die Veranstalter in den Partner-Theatern auf einen Martin Semmelrogge bestanden hatten und ansonsten abspringen beziehungsweise passen wollten. Das bedeutete im Klartext, die Othello-Tournee würde ohne mich gestorben sein.

»Wie viele Vorstellungen hast du denn verkauft?«

»Zehn.«

Eine Vorstellung pro Theater, also insgesamt zehn Tournee-Theater, das war wenig. Ein Shakespeare-Drama war für den aktuellen Publikumsgeschmack möglicherweise zu schwere Kost. Ein Risiko für Theater, die darauf angewiesen waren, ihre Häuser durchgehend voll zu bekommen. Wie auch immer war ich plötzlich Zünglein an der Waage. Meine Tochter gehörte auch zum Ensemble. Außerdem wollte ich wenigstens einmal etwas Dramatisches von Shakespeare spielen. Zudem kannten mich die interessierten Theater seit Jahren und zollten mir einmal mehr ihre Wertschätzung. Gut, ich würde es tun. Ich würde mit der „Rocky Horror Show" aussetzen – ein großes Zugeständnis meinerseits, bei zweitausend Zuschauern allein im Deutschen Theater. Regine und Sonja schlugen die Hände über dem Kopf zusammen, als wäre ich reif für den „Jagdschein". Es nutzte nichts mehr, ich wollte das machen.

Meine Ausgangssituation war eine denkbar ungünstige. Mir blieb nur wenig Zeit zum Proben, und „der Patriarch" hatte die kostengünstigere „Jago"-Besetzung bereits für sein Theater 1 verpflichtet. Mich wollte er ausschließlich für die Tournee. Grundsätzlich verschaffte mir das natürlich ein wenig mehr Zeit mich einzufinden, aber würde der andere „Jago" sich mit der neuen Situation abfinden? Meine innere Stimme schlug endgültig Alarm, als ich herausfand, dass dieser seit vielen Jahren mit dem aktuellen Regisseur befreundet war und von ihm protegiert wurde. Na dann, prost Mahlzeit! Das roch nach Problemen. Egal, ich war Profi genug, um alle möglichen Widerstände beiseite zu räumen. Aber es kam eine so ungeheuerliche Farce auf mich zu, wie ich sie vorher aber auch danach nie wieder erleben musste.

Gleich zu Beginn führte ich dem gesamtverantwortlichen Intendanten ein Problem vor Augen: »Es gibt derzeit noch die „Rocky Horror Show“. Mir bleiben effektiv nur zwei Wochen Zeit zum Proben.«

»Ach«, tat er meinen Hinweis ab, »in zwei Wochen kriegst du den „Jago“ hin.«

»Ja klar, den Text krieg ich hin, da bin ich ja schon dabei. Aber ein Fußballer kann auch nicht nur alleine auf dem Trainingsplatz stehen. Genau wie der muss ich irgendwann mit der Mannschaft trainieren.«

Er nickte verständnisvoll und überlegte dabei: »Okay, vor der Premiere in Neuwied guckst du eine Woche lang bei den Proben zu. Du bist dabei, du lernst die Kollegen kennen und kannst die erarbeiteten Laufwege und Positionen übernehmen. Dann guckst du dir noch die Premiere an.«

Gesagt, getan, ich bekam eine Wohnung gestellt und schaute wie abgesprochen bei den Proben zu. Es war mir wichtig, gleich auch ein entspanntes Verhältnis zum anderen „Jago" aufzubauen, der durchaus keine schlechte Figur machte:

»Es ist wie mit unseren Nationaltorhütern Manuel Neuer und Marc-André ter Stegen. Die Situation ist wie sie ist, ich habe es mir nicht ausgesucht. Ich hatte übrigens schon abgesagt, nur, dass du das weißt. Den „Jago" spiele ich auf meine Art, kopieren werde ich dich nicht. Trotzdem, ich schaue dir gerne zu und halte mich an die Inszenierung. Von meiner Seite kein Konkurrenzdenken. Du spielst auf dieser Bühne, ich auf den anderen – und gut ist es. Lass uns einfach gemeinsam das Beste daraus machen.«

Meine Ansprache war das eine, seine Akzeptanz etwas ganz anderes. Der verletzte Stolz war für mich deutlich spürbar. Seine Seitenblicke während ich zusah signalisierten, dass es ihm nicht passte. Vielleicht war es auch nur Verunsicherung, keine Ahnung. Fakt war, mit meiner finalen Zusage hatte ich ihm die Chance auf eine – wenn auch kleine – Tournee verbaut.

Dann fiel er völlig überraschend noch während der Probephase aus – krankheitsbedingt. An sich wäre es selbstverständlich gewesen, dass mir der Regisseur die Chance einräumt, in dieser Zeit mit dem Ensemble zu proben. Stattdessen durfte ich ein lächerliches Mal die Laufwege und Positionen mit ihm durchgehen – quasi „Trockenschwimmen" – und ansonsten nur weiterhin zuschauen. Es war die reinste „Schmierenkomödie" – unmöglich.

Die Premiere sah ich mir natürlich an und wusste bereits, dass ich mir einige Freiheiten in Hinblick auf meine Interpretation des „Jago" erlauben würde. Unter normalen Umständen hätte ich diese im Vorfeld mit dem Regisseur abgesprochen. Nur leider waren dies keine normalen Umstände. Worum ging es mir: Der Andere legte mir den „Jago" zu militärisch an, zu sehr wie einen dumpfen Nazi, dazu noch diese SA-artige Uniform mit Fähnrich-Käppi. Alle Figuren bis auf Desdemona und Othello waren trist gekleidet und grau geschminkt, was mir auch nicht gefiel. Weshalb sollten nur diese beiden Charaktere schillernd bunt sein?! Wie wir alle wissen, kommt gerade das Böse gerne verführerisch farbenfroh oder zumindest extravagant daher. Dennoch wusste der Andere zu überzeugen. Er spielte den „Jago" böse und gefährlich.

Den Othello-Darsteller Jean-Philippe Adabra hatte ich ein Jahr zuvor schon beim Filmfestival auf Mallorca kennengelernt, wo er in seiner Eigenschaft als Darsteller den Spielfilm „Straßenkaiser" promotet hatte. Ein hochanständiger, integrer Mensch, zu dem gleich wieder ein toller Draht bestand. Ihm war auch sofort klar, was aktuell mit mir gespielt wurde.

Nach der Premiere bekam ich endlich meine Woche Probe im Team, allerdings keine durchgehende von

Anfang bis Ende und schon gar keine Generalprobe. Wir gingen nur die Teile mit meinem Part durch, was ein klares Manko ist. Bei einem umfassenden, schwierigen Text mit komplizierten Laufwegen und vielen Positionen ist es an sich unabdingbar, alles auch komplett durchzuspielen. Somit war die Vorbereitung nicht das Gelbe vom Ei gewesen, als ich mich in meine persönliche Premiere des „Othello" im Rheinbacher Stadttheater stürzte. Dennoch hieß es in einer anschließenden Theaterkritik unter anderem: *,Semmelrogges brillieren in „Othello" in Rheinbach.'*

,Martin Semmelrogge und seine Tochter Joanna begeistern im Shakespeare Klassiker „Othello" im Rheinbacher Stadttheater.'

,Die fiese Lache Semmelrogges und sein schelmischer Gesichtsausdruck ließen die Zuschauer förmlich spüren, dass der hinterhältige Jago kein Erbarmen mit seinen Opfern kennt.'

Nun war es so, dass Regine als Veranstalterin dort eine großartige Promotion aufgezogen hatte, mit meiner Tochter und mir als Hauptattraktion, einschließlich 1a Interview.

Das stieß dem Intendanten mit seinem Theater 1 vermutlich besonders bitter auf, weil leicht der Eindruck entstehen konnte, die Premiere hätte eigentlich erst mit beiden Semmelrogges in Rheinbach stattgefunden und nicht schon in Neuwied.

Brilliert hatte ich indes noch nicht, was unter diesen Umständen auch nie und nimmer möglich gewesen wäre.

Dafür aber hatte ich das Äußerste herausgeholt, mich eisern durchgebissen. Und ich hatte einen dienstbaren Geist oder auch helfenden Engel an meiner Seite: den Bühnentechniker Mitch. Wir hatten schon bei anderen Inszenierungen unter diesem Intendanten zusammengearbeitet und verstanden uns sehr gut.

»Ich sage dir, wann und wo du rein und raus musst. Ich helfe dir, nicht, dass du plötzlich falsch gehst«, hatte er mir versprochen und mich auch wirklich sehr aufmerksam begleitet. – An dieser Stelle: Meine Dankbarkeit wird dich auf ewig begleiten, Mitch. Du bist ein Sonnenschein.

Da mir zu wenig Zeit zur Verfügung gestanden hatte, war mir die Othello-Verfilmung aus dem Jahr 1995 mit Kenneth Branagh in seiner bestechenden Darstellung des „Jago" sehr entgegengekommen. Er hatte ihn ganz in meinem Sinne interpretiert – mit raffinierten Zwischentönen und betont intelligent.

Das übernahm ich gerne, gleich auch mit minimalen Textveränderungen. Ergänzend zu den Vorgaben drückte ich „Othello" sogar einen trügerischen Bruderkuss auf. Wie bereits angedeutet, arrangierte ich auch meine Kleidung etwas anders, weniger streng, dafür wilder. Das Käppi ließ ich weg, mein Gesicht schminkte ich noch düsterer.

In der Pause stürmte der Regisseur aufgebracht in meine Garderobe: »Warum ziehst du das Käppi nicht auf?! Martin, nach der Vorstellung gibst du die Rolle ab! Ich werde das nicht auf meine Kappe nehmen! Ich werde alle Veranstalter anschreiben und vor dir warnen!«

Ich saß nur da und sah beziehungsweise hörte mir dieses „Rumpelstilzchen" außer Rand und Band unbeeindruckt an.

»Martin, melde dich krank! Ich werde den anderen „Jago" einsetzen, du kannst es nicht!«

So, jetzt hatte ich mir seinen Unfug lange genug angehört: »Wissen Sie, bevor ich mich krankmelde, muss die Welt untergehen. Aber Sie, Sie werden nie am Schillertheater oder Berliner Ensemble inszenieren. Und ich weiß, da wollen Sie hin. Aber da, wo ich bin, da werden Sie nie hinkommen. Im Übrigen interessieren Sie mich gar nicht. Sie sind Luft für mich. Ich spiele hier meinen Part, um den Ball ins Tor zu bringen. Und genau das werde ich auch tun.«

Natürlich wusste ich auch Joanna an meiner Seite, die mich ermutigte, es allen zu zeigen, die es nicht gut mit mir meinten. Was mir zu tun blieb, war weiter meinen Text zu lernen, gut zu schlafen und mir meine mentale Stärke zu bewahren. Ich war fest entschlossen, weiterhin alles zu geben – jetzt erst recht. Die nächste Chance dazu bot sich bereits einen Tag später im Ratinger Stadttheater. Der andere „Jago" spionierte allen Ernstes als Zuschauer, besuchte mich noch scheinheilig in der Garderobe – man kann durchaus sagen, in perfekter „Jago"-Manier – um „dem Patriarchen" dann mitzuteilen, dass ich ganz schlecht gewesen sei. Selbst, wenn es noch nicht optimal gewesen war, so hatte ich innerhalb nur eines Tages draufsatteln können. Davon abgesehen, nur ein Charakterschwein gab sich meiner Meinung nach für derartige Spitzeldienste her, keinesfalls ein ehrbarer Schauspielkollege. Das war unterste Schublade. Der behauptete sogar, ich hätte vergessen meine Ehefrau „Emilia" zu erstechen, was mir „der Patriarch" auch gleich brühwarm auftischte – so, so, aha.

Am nächsten Tag bin ich zu der betreffenden Kollegin hingegangen und fragte beiläufig: »„Emilia", wie war eigentlich gestern dein Tod? Wie fandest du den?«

Sie sah mich überrascht an: »Wie immer, gut.«

»Interessant. „Der Patriarch" ist der Meinung, ich hätte dich nicht erstochen.«

»Was?!«, erwiderte sie empört.

Ihre Reaktion war verständlich, denn immerhin gehörte es zu ihrer Bühnenrolle als Emilia, von meinem Dolch tödlich getroffen zusammenzubrechen. Ohne vorherigen Dolchstoß wäre das schwerlich möglich gewesen, ohne im Publikum hämisches Gelächter auszulösen. Daran hätte sie sich ganz sicher erinnert.

Dritte Tournee-Station war das tolle Heinz-Hilpert-Theater in Lünen. Interessant zu erwähnen ist dabei, dass ich dieses Gastspiel für die Tournee an Land gezogen hatte, aufgrund meines guten Drahtes zu Kulturchef und stellvertretender Kulturchefin. Ich empfand es als ein Heimspiel, was sehr wohltat, wie man sich sicher vorstellen kann. Mittlerweile forderte der Regisseur das Ensemble sogar auf, sich einem Auftritt mit mir zu verweigern, was mir natürlich nicht verborgen blieb. Selbst die Presse bezog er emsig ein, wie ich den Theaterkritiken am Tag nach der Aufführung entnehmen konnte. Dieser Herr gebärdete sich immer wilder und zerstörerischer. Ich parierte mit Leistung. Zu Lesen waren dann Pressekommentare wie: *,Doch vor dem Auftritt gab es Kritik am Schauspieler. Semmelrogge soll angeblich den Text für seine Rolle gar nicht sicher können. Das sagen der Regisseur [...] und der Leiter [...]. Semmelrogge habe noch ein anderes Engagement angenommen und deshalb kaum Zeit für die Proben gehabt, so lautet der Vorwurf. Die Künstleragentur Neidig, die Martin Semmelrogge vertritt, spricht hingegen von „persönlichen Dingen", die zwischen dem Schauspieler und dem Regisseur eskaliert seien. Deshalb wolle man keine weiteren Kommentare zum Thema abgeben.'*

,Dass es auch hinter den Kulissen von „Othello" brodelte, blieb dem Publikum verborgen. [...] Falls der [...] bekannte Schauspieler, wie zuvor vom Regisseur kritisiert, textunsicher

gewesen sein sollte, haben die anderen Schauspieler dies so gut aufgefangen, dass es nicht auffiel.'

‚Bühnen-Profi Martin Semmelrogge kneift nicht. [...] Ein ungewöhnlicher Vorgang am Theater: Die [...], die mit Shakespeares „Othello" auf Tournee ist und am Donnerstag im Lüner Heinz-Hilpert-Theater zu Gast war, distanzierte sich im Vorfeld vom Star der Produktion: Martin Semmelrogge drücke das Niveau der Inszenierung. [...] Er habe wenig geprobt und sich bei einer Aufführung chargierend ans Publikum herangeschmissen, heißt es sinngemäß in einer Stellungnahme von Intendant und Regisseur. Häusern, die das Stück buchten, stelle man frei, eine Aufführung ohne Semmelrogge zu wählen. [...] Was tun? Semmelrogge hält es wie ein Profi, der fürs Spielen, nicht fürs Kneifen bezahlt wird: rausgehen und auf das Publikum vertrauen. [...] Martin Semmelrogge [...] spielt den Windhund Jago ohne Patzer, zwei Verhaspler zählen nicht.'

Mitch kam nach der Aufführung extra zu mir, um mich zu beglückwünschen, wie klasse ich gespielt hätte und wie souverän ich zu dem ganzen Drumherum die Schnauze gehalten hätte, um stattdessen konzentriert meine Rolle zu spielen. Als allgegenwärtiger Bühnentechniker wusste er schließlich, wovon er sprach, kannte ja alle Widrigkeiten. Dazu muss man auch wissen, dass die Rolle des „Jago" mit enorm viel Text verbunden ist. Es ist der wohl komplexeste Charakter im „Othello".

In die nächste Theaterstadt fuhren Joanna und ich im Mietwagen. Auf eine weitere Fahrt im Tourbus verzichtete ich, um nicht unnötig Öl ins Feuer zu gießen. Im Hotel angekommen, stießen wir zum restlichen Ensemble. Außer bei dem jungen Darsteller des „Roderigo" spürte ich keine Distanz oder gar Ablehnung. In kollegialer Atmosphäre tauschten wir uns mit Tipps und Hinweisen aus.

Dann erhielt ich den Anruf meiner Agentin Claudia Neidig: »Die spielen ja heute nicht mit dir.«

Ich war baff: »Das wäre mir neu, ich habe die Kollegen gerade im Hotel getroffen, fast alle. Da hat mir keiner gesagt, er würde nicht mit mir spielen.«

»Nein, heute Abend spielen die nicht mit dir.«

Daraufhin konfrontierte ich meine Bühnenmitstreiter mit der Feststellung, dass doch wohl etwas gewaltig schieflaufen würde und ob es stimme, dass sie am Abend nicht mit mir spielen würden. Es stellte sich heraus, dass der Regisseur tatsächlich ein entsprechendes Schreiben aufgesetzt hatte, welches aber wohl von keinem Ensemblemitglied auf Tour unterschrieben worden war. Er hatte also etwas in die Welt gesetzt, was er sich wünschte aber das nicht den Tatsachen entsprach. Es war schon extrem dreist, meine Agentin mit dieser Lüge zu füttern. Nein, ein Großer würde aus dem ganz sicher nicht mehr werden.

Lediglich ein Kollege machte das miese Spiel mit – mitten während der Aufführung! In einer gemeinsamen

Szene verließ er völlig überraschend die Bühne. Unprofessioneller konnte sich ein Theaterschauspieler nicht benehmen. In so einer heiklen Situation kannst du nur weiterspielen, improvisieren, aus der Not eine Tugend machen.

»Roderigo?«, rief ich gefährlich lauernd in die Richtung, in welche der andere entschwunden war, dabei ganz der „Jago". »Wo ist der Roderigo hin?«, machte ich immer weiter und sah mich mit zunehmend finsterer Miene um. »Roderigo? Roderigo?!«

Schließlich besann er sich eines Besseren und kam zurück.

Es war höchste Zeit für eine versöhnliche Ansage an die Schauspielkollegen, damit sich so etwas nicht wiederholte: »Leute, lasst uns alle gemeinsam das Ding rocken. Ich weiß, manches bei mir ist noch nicht perfekt, wir sind halt nicht eingespielt. Es tut mir leid, wenn ich mal ein Stichwort vergesse. Nehmt mir das nicht übel. Lasst uns problematische Stellen einfach nochmal durchsprechen. Aber es nutzt nichts, wenn Ihr mir nichts sagt.«

Das war die Initialzündung. Ab da lief es harmonischer und rund. Umso schockierter und empörter zeigten sich alle – inklusive mir, selbstredend – als wir erfuhren, dass in der Stadthalle Kirchberg der Andere statt meiner die Rolle des „Jago" übernehmen sollte. Nun war es so, dass „der Patriarch" dort auch selbst Veranstalter war.

Ich stellte ihn telefonisch zur Rede: »Was spielst du da für ein Spiel? Was soll denn das?«

»Dein Kollege spielt ja noch bei mir in Neuwied. Der braucht noch Spielpraxis. Und in Freudenstadt soll er auch spielen.«

Jetzt platzte mir endgültig der Kragen: »Nee, in Freudenstadt spielt der ganz bestimmt nicht! Kirchberg meinetwegen, aber nicht Freudenstadt!«

Ohne Kirchberg konnte ich leben. Das gab mir etwas Zeit, um Sonja im Westerwald zu besuchen. Wir lebten zwar schon seit einigen Monaten getrennt aber waren uns noch immer sehr nah, und sie kämpfte gegen ein schweres Krebsleiden. Die Macher in der Kirchberger Stadthalle waren später sehr enttäuscht, dass nicht ich den „Jago“ bei ihnen gegeben hatte. Aber das musste ja „der Patriarch“ verantworten. Aus einem Impuls heraus rief ich die Veranstalterin im Kurtheater von Freudenstadt an, die mir seit Jahren sehr zugetan war, und versicherte ihr mein Erscheinen.

»„Der Patriarch“ hat gesagt, Sie kommen nicht«, reagierte sie überrascht.

»Warum soll ich nicht kommen? Ich bin die letzten Jahre doch auch gekommen.«

»Also Sie kommen – wirklich?«

»Aber sicher, das ist vertraglich auch so festgehalten. Es sei denn, Sie wollen mich nicht mehr. Aber bezahlen müsst

Ihr mich so oder so.«

Sie bestand ausdrücklich auf mich. Im Gegenzug wurde sie belohnt mit hervorragenden Theaterkritiken zu der gesamten Othello-Aufführung inklusive mir. Es war mir eine besondere Freude, diese auch an „den Patriarchen" weiterzuleiten.

Was das Verhältnis zwischen ihm und mir anging, so fiel mit meinem letzten „Jago"-Auftritt auch der finale Theatervorhang für unsere langjährige Zusammenarbeit. Zum einen wollte ich nach der jüngsten Farce nicht mehr mit ihm, zum anderen zog er sich kurz darauf in den Ruhestand zurück.

Wirklich schade, unsere gemeinsamen Jahre hätten einen anderen Abschluss verdient. Ich werde versuchen, den „Othello" auszuklammern, sollte ich künftig an „den Patriarchen" denken.

Meine Agentin erhielt eine Anfrage von der Hochschule für Fernsehen und Film in München, kurz HFF München, die bezeichnenderweise am Bernd-Eichinger-Platz gelegen ist.

Es ist die wohl renommierteste ihrer Art in Deutschland. Offenbar wollte man dort einen hochwertigen Abschlussfilm drehen. Grundsätzlich war ich neugierig, wie ich es ja meistens bin, wenn es um die Zusammenarbeit mit jungen Filmschaffenden geht.

Der Regisseur Tim Dünschede kam extra nach Bad Hersfeld, wo ich gerade in „Shakespeare in Love" auftrat. Wir trafen uns, und er skizzierte die für mich vorgesehene Rolle des „Ozzy" sowie die Handlung des Films im Ganzen. Im Grunde war „Limbo" ein Remake des US-Mafiafilms „Donnie Brasco" aus dem Jahr 1997 mit Al Pacino und Johnny Depp. Meine Rolle sollte quasi der von Al Pacino entsprechen – ein Kleinganove mit großem Herzen, der Boxer aufbaut aber nie richtig zum Zuge kommt, mit dem Traum vom eigenen Wettbüro, auch wenn das längst ein Geschäftsmodell im Abgesang ist. „Limbo" sollte in der Finanzwelt spielen, Ozzy als Handlanger in illegale Wettgeschäfte und Geldwäsche verstrickt sein.

Schon während dieses ersten Gespräches erkannte ich das enorme Potenzial des Erstlingswerks, zumal fortlaufend gedreht werden sollte, also in einem einzigen Take. Der Zuschauer würde somit permanent stiller Beobachter der Handlung sein, immer mittendrin. Mutig weil riskant, denn die enorme Herausforderung bestand im Fehlen von Bildschnitten. Das nahm einem die Möglichkeit, anschließend Fehler im abgedrehten Material zu korrigieren. Alle Beteiligten würden also präzise abliefern müssen. Eine Herausforderung, wie ich sie liebte, eine Rolle, wie für mich gemeißelt. Logisch, dass ich einschlug und den Part übernahm.

Ich wurde nicht enttäuscht.

Unser „Limbo" erhielt unter anderem den Nachwuchsproduzentenpreis der VGF während der „Internationalen Hofer Filmtage" im Jahr 2019 und avancierte beim „Austin Film Festival" in Texas zum Publikumsliebling.

Das Jahr 2019 oder: „Godot" meets „Abschiedsdinner"

Das politische Geschacher in Deutschland nahm auch keine Ende. Anfang Juni zeigte die SPD einmal mehr, wie profillos und personell ausgeblutet sie war. Andrea Nahles trat zugleich als Partei- und Fraktionschefin zurück. Von ihrer großmäuligen Attitüde war nichts mehr geblieben. Sie hatte von den Genossen selbst zu viel „in die Fresse" bekommen. Nahles' Jargon in dem Fall, nicht meiner. Ich würde zu gerne wissen, wie vielen Leuten bei dieser Nachricht ein höhnisches „Bätschi" herausgerutscht ist. Erst ein Jahr zuvor hatte sie den SPD-Vorsitz mit dem zweitschlechtesten Ergebnis in der Parteigeschichte übernommen – von Martin Schulz. Auch der war als stolzer EU-Kampfadler eingeflogen, überheblich und realitätsfern, um rasend schnell als gerupfter Gockel zu enden.

Seither krakeelt er als Hinterbänkler im Deutschen Bundestag dazwischen. Es war schon traurig mit anzusehen, wie sich diese über Jahrzehnte prägende Volkspartei selber zerlegte.

Ursula von der Leyen machte da im Juli eine geschicktere Figur. Die ließ sich von ihrem Amt als Bundesministerin der Verteidigung mitsamt Reformstau, Kahlschlag der Traditionen und nicht ordnungsgemäßer Vergabe von Beraterverträgen schnell mal wegloben, direkt auf den Sessel der EU-Kommissionspräsidentin. Hut ab, Frau von der Leyen, gelernt ist gelernt. Die wusste wenigstens, wie Machtpolitik geht. Aber ob nun in Deutschland oder von Brüssel aus, auch diese Madame würde die deutschen Steuerzahler weiterhin ein sinnloses Vermögen kosten.

Aber Spott und Ironie mal beiseite gelassen. Ich teile keinesfalls alle Thesen eines Thilo Sarrazin, doch einen Satz hätte auch ich Deutschland ins Stammbuch geschrieben: Es schaffte sich immer mehr ab. In der Politik war niemand mehr in Sicht, der kompetent und souverän das Zepter auch im Sinne Deutschlands in die Hand nahm. Stattdessen arbeitete man sich umso verbissener an der historischen Kollektivschuld ab.

Wie gut, dass die Schlossspiele Hohenlimburg von Ende August bis Anfang September vor der Tür standen. Für mich bedeutete das sechs Vorstellungen mit „Warten auf Godot" von Samuel Beckett in der bezaubernden Atmosphäre des Schlossgartens. Tief in mir drin war ich eben auch ein Romantiker. Außerdem konnte ich dort gefühlt in etwa so weit von den Untiefen deutscher Politik weg sein, wie der Mond von der Erde.

Die reinste Erholung, denn ich wollte selbständig denken und mich nicht gängeln lassen.

Zentraler Gedanke des Theaterstücks war, dass Religionen und religiöse Sekten die Menschen daran hindern eigenständig zu leben und diesen stattdessen einen trügerischen Lebenssinn vorgeben. – War die Politikerkaste nicht auch so etwas wie eine Sekte, eine politische Sekte?

Der Gedanke drängte sich mir auf. – Man wartete also auf einen Godot wie auf eine göttliche Verheißung, anstatt weiterzugehen und aus einem sinnlosen Leben ein sinnvolles zu machen.

Wer war dieser Godot? Niemand wusste es, er tauchte auch nicht auf, aber alle warteten.

Es war ein Stück mit Witz und Tiefe, so wie das Theaterstück, in welchem ich gleich im Anschluss in Essen mitwirken würde: „Das Abschiedsdinner". – „Warten auf Godot", fünf Ensemblemitglieder, davon ich als „Lucky" – dem Diener und Sklaven, sowohl als auch. Mein Name war Programm, konnte ich doch trotz Ketten als Einziger frei denken, meine Gedanken artikulieren und sogar singen, sobald mein „Herr" Pozzo mir den Hut aufsetzte. Fähigkeiten, welche die Reichen und Führenden längst verloren hatten. Obendrein trug ich noch einen rosa

226

Anzug, und das alles überragende Hohenlimburger Schloss als Naturkulisse war genauso rosa angestrahlt.

Mein Text war eine Herausforderung. Dieser irische Literat und Nobelpreisträger Beckett hatte es echt in sich.

Hier ein Auszug, der gleichzeitig viel über „Lucky" und die Seele des Stückes aussagt: Pozzo: »Bleib stehen! Denke! Hör auf! Lucky, schweig! Zurück!«

Daraufhin musste ich, also der Sklave Lucky – in beiden Händen Koffer – einige Schritte zurücktreten.

Pozzo: »Halt! Hü! Hott! Ecke! Sprich!«

Dann bekam ich den Hut aufgesetzt und legte ohne Punkt und Komma los, beflügelt von der Lust auf Wahrheit und einem zusätzlichen Tourette-Syndrom: *»Auf Grund der sich aus den letzten öffentlichen Arbeiten von Poincon und Wattmann ergebenden Existenz eines persönlichen Gottes kwakwakwakwa mit weißem Bart kwakwa außerhalb von Zeit und Raum der aus der Höhe seiner göttlichen Apathie göttlichen Athambie göttlichen Aphasie uns gern hat bis auf einige Ausnahmen man weiß nicht warum, aber das kommt noch und so wie die göttliche Miranda leidet mit denen die man weiß nicht warum – scheiße scheiße ficki ficki fuckfuck … schnauze … ficken ficken ficken täglich Miranda ficken ficken – aber man hat ja Zeit in der Folterkammer sind in dem Feuer dessen Feuer dessen Flammen, wenn es auch noch ein wenig dauert und wer kann daran zweifeln endlich alles in die Luft sprengen nämlich die Hölle an den Himmel drängen der so blau* *manchmal noch heute und ruhig so ruhig von einer Ruhe die, wenn auch sporadisch nichtsdestoweniger willkommen ist, aber greifen wir nicht vor und andererseits in Anbetracht, dass im Anschluss an die unvollendeten Forschungen aber greifen wir nicht vor die unvollendeten Forschungen nichtsdestoweniger prämiert von der anthropopopometrischen Akakakakademie in Burg am Berg von Testu und Conard festgestellt wurde bei Ausschaltung aller Fehlerquellen bis auf die von den menschlichen Berechnungen untrennbaren Irrtümern, dass im Anschluss an die unvollendeten unvollendeten Forschungen von Testu und Conard festgestellt gestellt gestellt wurde was folgt was folgt was nämlich folgt aber greifen wir nicht vor man weiß nicht, warum im Anschluss an die Arbeiten von Poincon und Wattmann es ebenso klar erscheint wie im Hinblick auf die Bemühungen Fartovs und Belchers unvollendet unvollendet man weiß nicht, warum von Testu und Conard unvollendet unvollendet wird deutlich, dass der Mensch im Gegensatz zu der entgegengesetzten Meinung, dass der Mensch in Burg von Testu und Conard, dass der Mensch endlich kurz, dass der Mensch in Kürze endlich trotz der Fortschritte der Ernährung und der Abschaffung des Stuhlgangs im Begriff ist abzumagern und zugleich parallel verlaufend man weiß nicht, warum trotz der Blüte der Leibesübungen der Praxis der Sportarten wie wie wie Tennis Fußball Rennen zu Fuß und mit dem Fahrrad Schwimmen Reiten Fliegen Siegen Tenms Kegeln Kunstlauf auf Eis und Asphalt Tennis Fliegen Sport Sport Wintersport*

228

Sommersport Herbstsport Herbstsport Tennis auf Rasen auf Tannen und auf festem Boden Fliegen Tennis Hockey zu Lande zu Wasser in der Luft Penizillin und Surrogate kurz ich wiederhole zugleich parallel verlaufend kleiner zu werden man weiß nicht, warum trotz Tennis ich wiederhole Fliegen Golf mit neun und mit achtzehn Löchern Tennis auf Eis kurz man weiß nicht, warum am Rhein Rhein und Ruhr Rhein und Main Main und Ruhr zugleich parallel verlaufend man weiß nicht, warum abzumagern einzulaufen ich wiederhole Ruhr Main kurz mit glattem Verlust pro Nase seit Gottscheds Tod von zwei Finger hundert Gramm pro Nase grob gesagt durchschnittlich ungefähr runde Zahlen gutes Gewicht Lebendgewicht ohne Schuhe in Oldenburg man weiß nicht, warum kurz endlich gar nicht wichtig die Dinge sind so und wenn man andererseits dabei bedenkt was noch schlimmer ist, dass daraus hervorgeht, was noch schlimmer ist, dass im Lichte im Lichte der laufenden Untersuchungen von Steinweg und Petermann daraus hervorgeht was noch schlimmer ist, dass daraus hervorgeht, was noch schlimmer ist, im Lichte im Lichte der aufgegebenen Versuche von Steinweg und Petermann, dass auf dem Lande im Gebirge und am Rande des Meeres der Ströme des Wassers und des Feuers die Luft dieselbe ist und die Erde nämlich die Luft und die Erde bei der großen Kälte die Luft und die Erde gut für die Steine bei der großen Kälte leider leider in dem siebenten saeculum ihrer Ära der Äther die Erde das Meer gut für die Steine in den großen Tiefen bei der großen Kälte auf dem Meer

Ein Handgemenge entbrannte, und Lucky stieß noch letzte Worte aus: »Steine Kanal unvollendet …!«

»Ruhig! Sein Hut!«, brüllte daraufhin Pozzo und riss Lucky den Hut vom Kopf, der augenblicklich verstummte und hinfiel.

Die Sieger Pozzo, Wladimir und Estragon kamen wieder zu Atem, und Pozzo blickte triumphierend auf seinen Sklaven, also auf mich herab. »Das war die Rache!«

Schließlich wurde noch nachgetreten, wie es primitive Feiglinge eben so taten, wenn ein anderer bereits am Boden lag.

In dieser Inszenierung rappte ich auf Pozzos Anweisung »Sing!« hin außerdem meinen „Megamacker – Mallorca Party Hit 2019“, was natürlich genial zu dem rosa Anzug passte.

Als Schauspieler kannst du deine Termine so gut im Griff haben, wie du willst, es gibt immer ein Unbekannte, die nicht kalkulierbar ist. Insbesondere dann, wenn ein Termin den nächsten jagt oder mehrere Engagements sich überschneiden.

So musste ich bei der letzten Vorstellung passen. Dreharbeiten in Magdeburg hielten mich auf, so lange auf, bis es dunkel war und der befreundete Pilot des vorgesehenen Sportflugzeugs, Friedrich Krumme, aus Sicherheitsgründen nicht mehr nach Hohenlimburg starten wollte. Zum Glück machte die Regisseurin Indra Janorschke einen super Job und improvisierte meisterhaft.

Mir tat der verursachte Stress natürlich sehr leid. Und es war ein Klassiker des modernen Theaters um den Sinn des Lebens.

Das eine Mal nicht dabei gewesen zu sein, war frustrierend.

Ich fühle mich diesem Werk „Warten auf Godot" persönlich sehr verbunden. Ich denke, dass wir das Göttliche in uns tragen, dass wir innere Stärke, Nächstenliebe und Respekt für andere vor allem selber entdecken und kultivieren müssen. Äußere Einflüsse, wie starke und gefestigte Menschen, können dabei helfen Energien freizusetzen, klar, oder wie bei mir die Rockmusik oder Heavy Metal. Aber das, worauf es ankommt, wohnt nur in uns selbst.

Kaum Zeit zum Verschnaufen. Ich musste mich auf das nächste Theaterstück „Das Abschiedsdinner" konzentrieren, eine Tragikomödie mit vielen Tiefen und Brüchen, inszeniert von dem Theater- und Satire-Urgestein Jochen Busse mit seinem volkstümlichen Humor, der zeitlos funktionierte.

»Wenn ein Schauspieler einem anderen Schauspieler einen Hut aufsetzt, dann gibt es einen Lacher«, sagte er dazu einmal in typischer Busse-Manier.

Während einer Probe setzte ich mich aufs Sofa, während er die Szene mit mir durchging.

Nun saß ich aber halb auf einem Kissen, das mich am Hintern störte. Also zog ich es umständlich hervor und warf es ihm zu oder legte es auf seinen Schoß, irgendwie so.

»Das bauen wir jetzt immer ein!«, zeigte er sich begeistert wie ein Kind. »Immer, wenn du auf dem Sofa sitzt, nimmst du das Kissen und gibst es der Mariella!«, womit meine Kollegin Mariella Ahrens gemeint war. Und er hatte recht, der Gag funktionierte.

Ein anderer Lacher war ebenfalls auf seinem Mist gewachsen. Mein Charakter war ja ein selbstverliebter aber zugleich selbstmordgefährdeter Narziss, der außerdem diverse schwere Allergien mit sich herumschleppte, wie gegen Milch und Nüsse – nur eingebildet, wohlgemerkt.

Ich blies mich dann selber auf wie der weiße Dizzy Gillespie beim Trompete spielen.

»Ich habe schon mehrere Selbstmordversuche hinter mir«, offenbarte ich meinem Schauspielkollegen Marko Pustisek in einer Szene.

»Wie oft hast du es denn versucht – zehn Mal, zwölf Mal?«, hakte er daraufhin nach.

»Sieben Mal.«

»Ja, wenn du's wirklich wolltest, bräuchtest du bloß mal über die Straße laufen – oder hier«, worauf Pustisek in eine Schale mit Nüssen griff, »mal ein paar Nüsse essen.« Jetzt folgte der von Regisseur Busse ergänzte Gag: »Glaub mir, das ist leichter hinzukriegen, als „Annegret Kramp-Karrenbauer" fehlerfrei auszusprechen.«

Dieses sichere Gefühl für Gags zeichnete sowohl den Regisseur als auch den Schauspieler Jochen Busse aus. Allerdings konnte er einen auch bis übers Limit hinaus piesacken mit seinen Regieanweisungen. Zum Beispiel inszenierte er das Theaterstück als ein sehr intimes, so als seien die Zuschauer Voyeure. Deshalb bestand er darauf, dass wir auf der Bühne vor allem einander zugewandt agierten, teilweise sogar mit dem Rücken zum Zuschauerraum. So sollte ich in einem schmuddelig stinkenden Mantel eintreten, den ich mit einem Obdachlosen getauscht hatte, und so mitten im Zimmer stehen bleiben – was ich in der gewünschten Position auch tat.

»Hallo Antoine, willst du nicht ablegen?«, erhielt ich das Stichwort.

»Nein, nein, ich bleibe nicht lange«, kam meine Antwort darauf wie vorgesehen. Plötzlich konnte ich nicht anders, als mich wenigstens für den nächsten magischen Augenblick frontal dem Zuschauerraum zuzuwenden: »Ich habe da nur eine Frage …«

Schon hörte ich die Regieanweisung: »Martin, aber jetzt dreh dich mal wieder um. Das ist der typische Stadttheater-Blick.«

Solche Sprüche hatte der Busse drauf, wenn es sein musste, am laufenden Band: »Martin, dein Text!«

»Also in fünf Tagen ist Premiere, ich weiß ja nicht, wie wir das schaffen wollen!«

»Martin, in der Pause werden die Leute gehen!«

»Da kriegst du auch noch Geld für, glaube ich!«

»Neiiin, Maaartin …!«

Aber nicht, dass der Eindruck entsteht, ich wäre etwa als das schwarze Schaf auserkoren gewesen. Mitnichten, Jochen Busse verteilte seine Nettigkeiten gerecht, das muss man sagen. Ich erinnere mich gut, wie Mariella Ahrens eigens für die Proben fünfhundert Kilometer mit dem Auto nach Essen angereist war, sogar einen Tag früher. Dazu noch nach drei Monaten ohne Proben – aber es zählte kein Wenn und Aber, er schoss sich auf sie ein. Sie war halt noch kein alter Hase auf der Theaterbühne, hatte das Stück noch nicht so verinnerlicht. Kein Beinbruch, eigentlich, doch ein Busse war eben auch nur ein Mensch – ein pedantischer noch dazu – und offensichtlich sehr nervös, ob seine Inszenierung funktionieren würde.

Nun hatte ich mir seine Sticheleien und Vorwürfe einen ganzen Probetag lang angehört, fand es weder fair noch dass es uns in irgendeiner Weise weiterbrachte. Am nächsten Tag wollte ich Mariella beispringen, falls er sich nicht einkriegen sollte. Bevor es überhaupt dazu kommen konnte, ging er mich wegen irgendetwas an, was das Fass zum Überlaufen brachte:

»Hey, Jochen, ich bin nicht dein Hannebambel, dass das mal klar ist, hier!«, platzte es aus mir heraus.

»Doch! Doch, du bist mein Hannebambel!«, kam es postwendend und im gleichen Brustton zurück.

So einen Gegenwind war ein alter gestandener Despot wie er, der noch zur Schule eines Rudi Carrell gehörte, nicht gewohnt, und er konnte nur schwer damit umgehen. Es gab aber kein böses Blut. Vielmehr stellten alle gemeinsam bei wenig verfügbarer Probenzeit ein erfolgreiches Stück auf die Beine. Nur zwölf Tage Proben in Essen inklusive Haupt- und Generalprobe, das war rekordverdächtig. Normalerweise hatte man vier bis sechs Wochen zur Verfügung.

Zuvor hatten wir schon in Berlin acht Tage geprobt – drei Monate vor der Premiere – was auch nicht ohne gewesen war, weil ich zwischendurch zu Dreharbeiten fahren musste. „Polizeiruf 110" für die Folge „Totes Rennen" in Magdeburg, wo ich den undurchsichtigen Profizocker Micky Puhle zu spielen hatte. Außerdem lag es genau in der Zeit von „Warten auf Godot" in Hohenlimburg bei Hagen. In Berlin war ich es auch gewesen, der die anderen forderte und Druck dahingehend machte, „Das Abschiedsdinner" durchlaufend von Anfang bis Ende zu proben, damit man vorab einen Gesamteindruck erhielt. Mir war klar, es würde eine bestmögliche Vorbereitung für die Wiederaufnahme der Proben in Essen sein.

Unmittelbar nach der Premiere im Oktober rief mich ein glücklicher Jochen Busse an, gratulierte mir zu meiner Leistung und uns allen zu einer gelungenen Vorstellung.

Eines musste ich bei dieser Gelegenheit unbedingt loswerden: »Jochen, bei mir zählt das Spiel, nicht das Training.«

Was nutzte es, in den Proben auf den Punkt abzuliefern und vor Publikum dafür scheiße zu sein. Ich sah immer zu, in der Premiere alles abzurufen. Die Theaterkritiken waren dann auch voll des Lobes und bestätigten, was ich am Tag zuvor gesagt und gehört hatte: *,Die Komödie „Abschiedsdinner" feierte im Theater im Rathaus in Essen Premiere mit einem glänzend aufgelegten Hauptdarsteller Martin Semmelrogge.'*

Unsere Premiere war ausverkauft, die nächsten Vorstellungen dann nicht mehr. Die Promotion war nur schleppend angelaufen, und unser Stück musste sich erst herumsprechen. Ich legte mich auch da ins Zeug, gab zusätzliche Interviews, bespielte die sozialen Medien, trat im Radio auf. Auch die Kollegen taten ihr Bestes. Die letzten zwei Wochen gab es schließlich keine freien Plätze mehr.

Es war ein Theaterstück, das man ganz ausgezeichnet bewerben konnte, weil es ein erstklassiges Grundthema hat: Wie verabschiedet man jemanden, den man nicht mehr sehen will, möglichst elegant und auf eine Art aus seinem Leben, dass der es nicht übel nimmt?

Da ich ja durchaus über mich selber lachen kann, hier noch folgender Satz aus einer der späteren Theaterkritiken: *‚Semmelrogge, der hört sich an wie ein heiserer Frosch auf Crack.‘*

Für das Jahr 2020 waren von Mai bis Juni noch Auftritte im „Theater an der Kö" in Düsseldorf angesetzt, was uns vom Corona-Virus verhagelt werden sollte. Ein lachendes Auge blieb zunächst dennoch, denn ab Mai 2021 war „Das Abschiedsdinner" in einer neuen Inszenierung von Philip Thiedemann im privaten Schlosspark Theater Berlin vorgesehen, wieder mit Marko Pustisek als erfolgreichem Verleger Pierre und mir als unerwünschtem Freund Antoine. Besagtes Theater wiederum gehört dem renommierten Schauspieler und Kabarettisten Dieter Hallervorden, mit dem ich in meiner gesamten Karriere noch nie persönlich zu tun gehabt hatte.

Aus der Entfernung war er für mich immer der Kalauer-König „Didi" aus den 70er und 80er Jahren geblieben. Als ernsthafter Schauspieler war er mir erst 2014 in seiner Rolle als Demenzkranker an der Seite von Til Schweiger in dem Drama „Honig im Kopf" aufgefallen. Ich weiß nicht recht, warum, er war mir über die Jahre irgendwie suspekt und intransparent geblieben. Dann hatte er sich 2015 von seiner langjährigen Ehefrau getrennt, und eine neue Herzdame war in sein Leben getreten, wie überall zu lesen gewesen war. Ich drehte in dieser Zeit gerade „Dit is Fußball" in Berlin. Er hätte seine Frau angeblich mit der Neuen betrogen und die Neue sei ja so viel jünger, hatte es in den Schlagzeilen geheißen. Ich wusste, was es hieß, als Prominenter seinem Leben eine neue Wendung zu geben. Auch die geifernde Sensationspresse war mir vertraut. Zu der Zeit begann mein Interesse für diesen Mann zu wachsen, zumal er auch mehr Interviews gab.

Selbst meine Agentin Claudia Neidig, deren Agentur ja auch für ihn tätig war, hatte mir von Anfang an in den Ohren gelegen: »Geh' doch mal zum Semper Opernball, da triffst du den Hallervorden.«

Das tat ich zwar nicht, aber der Zufall wollte es, dass wir uns auf dem alljährlichen Sommerfest der Produzentenallianz über den Weg liefen, im Tipi am Kanzleramt, bei üppigem Buffet und Barbecue – ausschließlich mit geladenen Gästen aus der Branche. Beste Gelegenheit also, um sich näher bekannt zu machen, sollte man meinen. Entsprechend offen ging ich auch auf den Hallervorden zu und wurde von ihm auf arroganteste Art abgefertigt.

Meine Agentin hatte davon nichts mitbekommen, die ebenfalls zugegen war und mir prächtig gelaunt vorschlug: »Na dann holen wir uns erst mal ein Gläschen Champagner und Snacks, und dann gehen wir mal zu dem Dieter …«

»Nee, wir gehen dann nicht zum Dieter«, reagierte ich restlos bedient. »Du kannst ja gerne zu ihm gehen, aber ich habe keinen Bock mehr auf den Dieter.«

Das ließ sie sich dann auch nicht nehmen, kam aber kurze Zeit später zurück: »Du hast recht, der ist heute nicht gut drauf.«

»Das ist aber nicht mein Problem. Deshalb muss man nicht unhöflich sein.«

Ich hatte schon die größten Stars kennengelernt. Aber eines waren die nie gewesen: unhöflich. Damit war mein Interesse an einer künftigen Zusammenarbeit mit diesem Mann auf null gesunken. Ich sah in ihm nur noch einen Kotzbrocken.

Das Thema Hallervorden war für mich längst ad acta gelegt, als uns der Theaterregisseur Philip Thiedemann und der Intendant des Boulevardtheaters „Comödie Dresden“ in Essen besuchten. Beiläufig schnappte ich auf, dass Dieter Hallervorden „Das Abschiedsdinner“ für sein Berliner Schlosspark Theater haben wollte. Schön für ihn, mich tangierte das nicht sonderlich.

Dann rief mich meine Agentin im Auto an: »Ich sitze hier gerade mit Dieter Hallervorden zusammen. Es geht um den Termin für „Das Abschiedsdinner“.«

Ich erfuhr von ihr weiter, dass er es 2021 in einer ganz neuen Inszenierung aufführen wolle und ich erneut für die Rolle des „Antoine“ in Frage käme. So schmeichelnd das auch war, es blieb ein Problem: Meine Aversion gegen Hallervorden war noch nicht verflogen.

Also ließ ich mich erst einmal an ihn weiterreichen:

»Ich verstehe gar nicht, warum es das letzte Mal so schlecht mit uns gelaufen ist«, sprang ich über meinen Schatten und reichte den Ölzweig. »Wir sind doch eigentlich aus ähnlichem Holz geschnitzt. Lassen Sie uns noch mal von vorne anfangen. Wenn wir was zusammen machen wollen, müssen wir uns auch verstehen.«

Ich erlebte einen wie ausgewechselten Dieter Hallervorden, angenehm und höflich. Anschließend traf ich ihn und seine Lebensgefährtin auch persönlich in Berlin, in sehr netter Atmosphäre. Ob ich mir nach so vielen Aufführungen überhaupt noch vorstellen könne, in einer ganz neuen Inszenierung mitzuwirken, wollte er wissen.

»Ja, das finde ich ja gerade das Spannende. Das Stück ist so tragisch komisch und hat so viele Tiefen und Brüche, es bietet ganz verschiedene Möglichkeiten der Inszenierung.«

Daraufhin besiegelten wir die geplante Zusammenarbeit für 2021 mit einem Vertrag. Wovon wir beide zu dem Zeitpunkt noch nichts wissen konnten, war der nahende Corona-Shutdown. Im Zuge dessen mussten alle Planungen für 2020 und 2021 über den Haufen geworfen und neu überdacht werden. „Das Abschiedsdinner" in einer Inszenierung von Philip Thiedemann wird es 2021 wahrscheinlich nicht geben. Mich wird man dafür in einem anderen Theaterstück im Berliner Schlosspark Theater zu sehen bekommen – so die aktuelle Planung.

Was mir im Jahr 2020 noch zu sagen bleibt

In den letzten Monaten habe ich zwei Interviews gegeben, die noch den einen oder anderen Gedanken offenbaren. Fangen wir doch damit an. Zuerst Auszüge aus *„Die Siebziger waren eine intensive Zeit"* im Magazin *„Galileo Genial"* aus Dezember 2019 (ganzes Interview unter *www.semmelland.com*):

Da war die Frage nach Unterschieden und Gemeinsamkeiten zwischen dem Lebensgefühl der 70er und dem von heute: *‚Ein zentraler Wert war für uns damals Freiheit, um unbeschwert leben zu können. Und Liebe sowieso … Das sind so gesehen universelle Ansprüche, die heute noch genau die gleiche Wertigkeit haben, auch wenn sie vielleicht anders interpretiert werden. Was heute gegenüber damals zu kurz kommt, ist aus meiner Sicht das Soziale, der soziale Zusammenhalt. Daraus entsteht auch viel von der eben erwähnten Unzufriedenheit. Aber tatsächlich führt gerade das auch dazu, dass wieder junge Menschen auf die Straße gehen, um ihrer Unzufriedenheit Luft zu machen – ich sage nur Fridays for Future. Schade ist halt, dass solche Bewegungen*

zwangsläufig von der einen oder anderen Seite zu instrumenta-
lisieren versucht werden. Aber auch das ist letztlich nichts
Neues. Der Punk war in den Siebzigern ja auch eine
Auflehnung gegen alles und konnte sich trotzdem nicht dagegen
wehren, kommerzialisiert zu werden. Zumindest gibt es aber
immer wieder Momente, in denen sich die kleinen Leute
bemerkbar machen. Früher hätte man gesagt „das Proletariat",
wobei wir damals nicht wirklich wussten, was das Proletariat
überhaupt genau sein soll. Wir haben uns halt aufgeführt wie
Proleten.'

Was sich in der Schauspielerei geändert hat: ‚Der Beruf an
sich nicht – man muss immer noch Texte auswendig lernen, was
ziemlich lästig ist. Bei den Dreharbeiten selbst war man auf
gewisse Weise sorgfältiger, weil es die ganzen digitalen
Möglichkeiten nicht gab, mit denen man jedes Ding so oft
drehen kann, wie man will. Damals hat noch jeder Versuch Geld
gekostet. Das macht natürlich schon etwas aus für die Art und
Weise, wie man seine Arbeit angeht. Gerade beim Fernsehen
wird zumindest bei manchen Produktionen Hauptsache schnell
und billig gedreht, habe ich das Gefühl. Wobei sich meine
persönliche Arbeit in diesem Sinne wenig verändert hat, weil ich
solche Rollen gar nicht erst annehme. Ich stecke nach wie vor
viel Aufwand in meine Darstellungen und arbeite in der Regel
auch mit Regisseuren zusammen, die diesen Anspruch haben.
Außerdem mache ich auch sehr viel Theater, wo sowieso andere

Regeln gelten, an denen sich im Laufe der Jahrzehnte auch nichts verändert hat. Ich bin jetzt 64, ehrlich gesagt müsste ich gar nichts mehr machen. Aber meine Verlobte sagt immer, ich würde richtig aufleben, wenn ich arbeite. Es gibt irrsinnig viele Schauspieler, aber echte Typen werden immer weniger. Von daher ist offensichtlich auch noch Bedarf für mich. Eigentlich muss ich meine Fresse bloß hinhalten und alles Überflüssige weglassen.'

Ob die Erwartungen an Schauspieler heute andere sind und die Darsteller austauschbarer: *‚Na ja, die richtigen Typen mit Ecken und Kanten werden nicht ohne Grund weniger, die waren tatsächlich früher mehr gefragt. Das ganze Filmgeschäft war noch nicht so industriell wie heute. Es gibt immer nochmal vereinzelte Typen, na klar. Brad Pitt zum Beispiel ist dabei, einer zu werden. Oder Edward Norton. Aber dafür muss man den Leuten die Zeit geben, zu reifen – und dass es die kaum noch gibt, ist ein riesiger Unterschied zwischen heute und damals.*

Der Trend geht zur Fließbandarbeit. Es gibt immer noch herausragende Filme. Ich habe mir kürzlich Joker angesehen – und wenn ich Joaquin Phoenix in Action sehe, bekomme ich das Gefühl, überhaupt kein Talent zu besitzen. Aber die Zeiten für richtige Cineasten-Filme sind vorbei. Ich finde es natürlich toll, mit den jungen Leuten zusammenzuarbeiten, so ist das nicht gemeint.

Aber Typen wie einen Mario Adorf muss man heute mit der Lupe suchen.'

Das Interview im Magazin „*Cicero*" erschien in der Aprilausgabe 2020 unter der Rubrik „*Die letzten 24 Stunden*", aufgezeichnet von *Björn Eenboom* – was ich also tun würde, mir wünschen würde, wenn mir nur noch 24 Stunden Zeit in meinem irdischen Dasein blieben: *,California, here I come – Ich höre das Rauschen des Meeres. Die Brandung umspült meine Füße. Ich stehe an einem einsamen Strand im kalifornischen Big Sur und blicke auf den Pazifik. Ich weiß, heute ist mein letzter Tag, und doch muss ich an die Unendlichkeit denken.*

Ich bin ein Optimist und glaube daran, dass es immer weitergeht im Leben. Dabei ist es absurd. Denn der Tod steht immer neben uns. Wir werden schon auf dem Sarg geboren. Doch warum soll es nach dem Leben nicht weitergehen? Wir wissen es bloß nicht. Vielleicht werden wir wieder geboren, und ich werde ein Farmer in Amerika, meinem Sehnsuchtsland – oder ein einsamer Kojote in der Prärie. Charles Bukowski spricht mir aus der Seele: „Wir werden alle sterben, jeder von uns, was für ein Zirkus! Das alleine sollte uns dazu bringen, uns zu lieben, aber das tut es nicht. Wir werden terrorisiert von Kleinigkeiten, zerfressen von gar nichts."

Ich will diesen Tag so bewusst verbringen wie möglich. Ich jogge mit meinen zwei Hunden Buddy und Teddy am Strand entlang, um noch einmal meinen Körper zu spüren, und breche dann auf zu meiner letzten Fahrt. Ein formschönes Automobil mit genügend Pferdestärken hat mein Herz schon immer höher schlagen lassen. Ich cruise mit meiner Frau Regine und den beiden Hunden in einem Cabriolet den Highway 1 an der Küste entlang und höre die Musik der Alten des Rock'n'Roll: die Beatles, Jimi Hendrix, die Doors, die Rolling Stones.

Ich bin ohne eine feste Bindung an eine Glaubensgemeinschaft aufgewachsen. Meine Mutter war Anthroposophin, und meinem Vater, einem Künstler, der aus der DDR floh, war vor allem die Freiheit der Kunst heilig. Ich denke, es bedarf nicht unbedingt einer Religion, um an Gott zu glauben. Es ist natürlich erfüllend, fest verwurzelt in einer intakten Kirchengemeinde zu leben und einen tollen Pfarrer zu haben. Doch ich gebe mich damit nicht zufrieden. Gott ist so mannigfaltig, dass ich kein klares Bild von ihm habe. Er ist für mich das Ideal der Liebe, wie Bukowski es beschwört. Der Mensch ist ein Wunderwerk. Ich bin der festen Überzeugung, dass wir mehr sind als nur Fleisch und Blut. Wir haben eine Seele, die in uns wirkt und über den Tod hinaus existiert, in welcher konkreten Form das auch immer sein wird.

Mittlerweile habe ich den Dunstkreis von Los Angeles erreicht. Ich fahre hoch in die Santa Monica Mountains, um eine Rast einzulegen im legendären Bikertreff The Rock Store. Ich gönne *mir einen Burger mit viel Beef, Käse und Gurken. Nun ist es an der Zeit, das Steuer abzugeben. Regine fährt mit mir dem Sonnenuntergang entgegen, hinein in die Nacht.*

Ich habe gut gelebt und so gut wie alles überlebt. Ich bin mit mir im Reinen. Wenn nun meine letzte Stunde geschlagen haben sollte, wäre ich bereit. Ich habe keine Angst vor dem Tod. Vielleicht liegt es daran, dass für mich als Schauspieler jede Rolle wie ein kleiner Tod ist. Meine Asche soll von einem Berg aus verstreut werden – vom Wind getragen, fliegt sie mit meiner Seele davon.

Ich spüre den Fahrtwind und halte Regines Hand. Aus dem Radio dringt Neil Youngs „Beautiful Bluebird", ich denke an meine Lieben. „Like a beautiful bluebird/I'd come flyin' back to you".'

Im Februar 2020 brach ich ein Interview in Berlin kurzerhand ab.

Es sollte eigentlich um meinen aktuellen Kinofilm „Limbo" sowie meine sonstigen beruflichen Aktivitäten gehen. Doch dieser Journalist wollte immer wieder auf negative und bittere Aspekte meiner Vergangenheit zu sprechen kommen. Im Grunde interessierte ihn nur das. Alkohol, Führerscheinentzug, Gefängnis, meine verstorbene Frau Sonja – darauf lief es hinaus.

Ein für alle Male: diese Dinge haben mich mitgeprägt, aber sie definieren mich nicht im Hier und Jetzt, sind nicht mehr Teil meiner Gegenwart. Im Privaten wie im Beruflichen ist mein Leben vielfältig und spannend – nur eben ohne negative Entgleisungen und Skandale. Journalisten, denen das nicht genügt, um ein interessantes Interview zuwege zu bringen, haben wohl den Beruf verfehlt. Nehmt euch ein Beispiel an „Galileo Genial" und „Cicero".

Aber wenn ich so darüber nachdenke, verdammen kann ich Schreiberlinge wie ihn nicht, sie sind halt Kinder ihrer Zeit. So, wie sich Sex und nackte Haut immer gut verkaufen, so verkaufen sich auch Skandale und Fehltritte besser wie nie. Schauspieler können sich ruhig zu Tode saufen oder sich um den Verstand koksen, das lässt am Ende nur die Heuchler unter den Profiteuren weinen. Hauptsache sie funktionieren vor der Kamera und produzieren dabei fleißig reißerische Schlagzeilen. „Brot und Spiele" heißt die bewährte Formel.

Oft genug führen die Schlagzeilen überhaupt erst zur gesteigerten Nachfrage nach prominenten Namen. Nehmen wir mich, ich erlebte erstmals ein Nachlassen interessanter Rollenangebote, als ich die Finger von Drogen und Alkohol ließ und mein Privatleben neu ordnete. Nur Zufall? Vielleicht, aber ich würde nicht darauf wetten. In unserer modernen Gesellschaft – auf der

Überholspur zwischen Konsum und Sensation – gibt es so manches, das es zu überdenken gilt.

Das Corona-Virus mit dem „Shutdown" hat uns auf drastische Weise bewusst gemacht, wie fragil unsere Gesellschaftsordnung ist. Auch Regine und ich haben die Folgen als eine Mischung aus Horror und Albtraum erlebt. Theater-Engagements über Monate lösten sich plötzlich in Schall und Rauch auf, niemand konnte mehr planen. Unsicherheit und Existenzängste hielten Einzug. Womit noch Geld verdienen, wenn man kaserniert ist, sich nicht mehr frei von A nach B bewegen kann? War „Corona" womöglich die achte Plage, welche uns vor Augen führen sollte, auf welch fatalem Irrweg wir Menschen sind? Und seien wir doch mal ehrlich. Wir bewegen uns auf über Generationen ausgetretenen Pfaden, ohne darüber nachzudenken, ob es überhaupt der bestmögliche Weg ist. Uns beschäftigen banale Alltagsprobleme und unsere Bequemlichkeit mehr. Dafür überlassen wir das Denken gerne gewählten Politikern und Wirtschaftsbossen. In Industrieländern werden Autos und Smartphones längst für die Halde produziert und hochsubventionierte Lebensmittelberge vernichtet, während in anderen Teilen der Welt Menschen die benötigten Rohstoffe unter Einsatz des eigenen Lebens aus tiefen Gruben kratzen müssen, in bitterster Armut leben und Hunger leiden. Sogenannte

Ökotechnologien sollen uns beruhigen, entpuppen sich aber mehr als Feinde von Natur und Mensch, denn als Verbündete. Und das alles, weil wir verlernt haben innezuhalten und abzuwägen. Wir rennen und rennen wie in einem Hamsterrad – ja, wohin eigentlich?

Es ist wahr und es tut weh, dass wir alle aus dem fünften in den ersten Gang zurückschalten mussten, und so manche ergriffene Maßnahme war und ist fragwürdig.

Warum? Weil dadurch Existenzen aufs Spiel gesetzt wurden und werden, weil die Wirksamkeit diverser Maßnahmen nach wie vor umstritten ist, weil die persönlichen Freiheitsrechte auf erschreckende Weise außer Kraft gesetzt wurden und die spießige deutsche Behördenwelt sich noch mehr im Klein Klein verloren hat.

Auf der anderen Seite zwingt uns dieser „Shutdown" geradezu, innezuhalten und abzuwägen. Ich schlage vor, nicht bei der erstbesten Gelegenheit wieder in den fünften Gang hochzuschalten und zur üblichen Tagesordnung überzugehen, sondern Strategien zu entwickeln, hier und da womöglich mit dem dritten Gang zurechtzukommen – im Dienste der Entschleunigung, der Umwelt, des Miteinander, der Gesundheit, des Seelenfriedens.

Ich möchte einige Sätze vom Anfang des Buches wiederholen, weil sie auch ein geeignetes Schlusswort abgeben: Konsumiert und weggeworfen wird, was das Zeug hält, um sich Glück zu erkaufen. Alles machen wir, alles tun wir, gehetzter und gehetzter, nur um immer unglücklicher zu werden. Auch die Natur hätte keinen Grund glücklich zu sein, wäre sie ein Mensch, die am allerwenigsten. Dabei ist Mutter Natur doch die größte Verbündete, um zu entschleunigen, die Ruhe zu bewahren und Kraft zu sammeln. Ich bin auf dem Land groß geworden, und jetzt auf Mallorca lebe ich wieder auf dem Land. Je rastloser es um mich herum geworden ist, desto entspannter und besonnener bin ich geworden. Vorbei sind die Zeiten, in denen ich meine Energie sinnlos verschwendet habe. Ich umgebe mich nur noch mit Menschen, die mir guttun, oder ich suche bewusst die Einsamkeit.

Die Zeit des „Shutdown" hat mich in diesem Denken noch bestärkt.

By the way, was wäre diese Biografie ohne meine älteste Geliebte. Im Jahr 1988 in Amerika kennengelernt, von allen angehimmelt und bewundert, und bis zum heutigen Tag mit denselben geilen Kurven und einer aufregend rauen Stimme gesegnet. Seit 32 Jahren weicht sie mir nicht von der Seite – meine Harley Wide Glide.

Dank deutschem TÜV kommt kein Feuer mehr aus dem Auspuff und sie mäßigt ihren Ton etwas, aber ansonsten erfreut sich die Lady auch hier auf Malle bester Gesundheit und leistet mir treue Dienste. Vermutlich wird sie mich überleben, sie hätte es verdient.

Born to be wild like Easy Rider. Sex, NO drugs and Rock'n'Roll!

Ich habe begonnen, über die Filmindustrie auf Mallorca nachzudenken. Ja, hier dreht man tatsächlich Spielfilme, die sogar staatlich gefördert werden. Jährlich findet in der Hauptstadt Palma das renommierte „Evolution Mallorca International Film Festival" mit internationalen Gästen von Rang und Namen statt. Da ich nun schon seit Jahren hier lebe, warum sollte ich mich beruflich nicht auch mehr in meiner Wahlheimat umschauen? Wer weiß, vielleicht drehe ich in der wilden Landschaft von Malle ja noch einen Western à la Sergio Leone. Der hat „Für eine Handvoll Dollar" schließlich auch in Spanien gedreht. Bei der Gelegenheit könnte ich auch mein Fernweh nach Amerika etwas besänftigen. Wie auch immer, ich finde meinen Weg, den habe ich immer gefunden.